Coleção Espírito Crítico

ENSAIOS REUNIDOS:
ESCRITOS SOBRE GOETHE

Coleção Espírito Crítico

Walter Benjamin

ENSAIOS REUNIDOS: ESCRITOS SOBRE GOETHE

Tradução
Mônica Krausz Bornebusch, Irene Aron e Sidney Camargo

Supervisão e notas
Marcus Vinicius Mazzari

Livraria
Duas Cidades

editora 34

Livraria Duas Cidades Ltda.
Rua Bento Freitas, 158 Centro CEP 01220-000
São Paulo - SP Brasil livraria@duascidades.com.br

Editora 34 Ltda.
Rua Hungria, 592 Jardim Europa CEP 01455-000
São Paulo - SP Brasil Tel/Fax (11) 3811-6777 www.editora34.com.br

A tradução desta obra contou com o apoio do Goethe-Institut, que é patrocinado pelo Ministério das Relações Exteriores da Alemanha.

Capa, projeto gráfico e editoração eletrônica:
Bracher & Malta Produção Gráfica

Revisão:
Cide Piquet, Fernanda Diamant

1ª Edição - 2009, 2ª Edição - 2018

CIP - Brasil. Catalogação-na-Fonte
(Sindicato Nacional dos Editores de Livros, RJ, Brasil)

Benjamin, Walter, 1892-1940
B468e Ensaios reunidos: escritos sobre Goethe; tradução de Mônica Krausz Bornebusch, Irene Aron e Sidney Camargo; supervisão e notas de Marcus Vinicius Mazzari.
São Paulo: Duas Cidades; Editora 34, 2018 (2ª Edição).
192 p. (Coleção Espírito Crítico)

ISBN 978-85-23500-42-9 (Duas Cidades)
ISBN 978-85-7326-431-9 (Editora 34)

1. Goethe, Johann Wolfgang von, 1749-1832.
2. Literatura alemã - História e crítica. I. Bornebusch, Mônica Krausz. II. Aron, Irene. III. Camargo, Sidney.
IV. Mazzari, Marcus Vinicius. V. Título. VI. Série.

CDD - 834

Índice

Nota à presente edição

Este volume, que reúne os dois principais textos de Walter Benjamin acerca de J. W. Goethe, é publicado no ano em que se comemoram duzentos anos da primeira edição de *As afinidades eletivas*, e se insere no quadro mais amplo da publicação dos ensaios fundamentais de Benjamin, a ser realizada dentro da Coleção Espírito Crítico.

A tradução tomou por base a edição dos escritos completos de Walter Benjamin (*Gesammelte Schriften*), da editora Suhrkamp, realizada sob a direção de Theodor W. Adorno e Gershom Scholem, e estabelecida por Rolf Tiedemann e Hermann Schweppenhäuser.

ENSAIOS REUNIDOS:
ESCRITOS SOBRE GOETHE

As afinidades eletivas de Goethe

Dedicado a Jula Cohn[1]

I

"A quem elege às cegas, fumaça do sacrifício golpeia-lhe
Nos olhos."

Klopstock[2]

A bibliografia disponível sobre criações literárias sugere que o procedimento minucioso em tais investigações deve ser mobilizado mais em função de um interesse filológico do que crítico. Por isso, a interpretação que se segue do romance *As afinidades eletivas*, interpretação minuciosa também nos seus elementos particulares, poderia facilmente induzir a um equívoco quanto

---

[1] A escultora berlinense Jula Cohn (1894-1981) era irmã de Alfred Cohn, um dos amigos mais íntimos de Benjamin. Em 1926 ela esculpiu um busto do crítico, que se perdeu durante a guerra (mas do qual existem duas fotografias). Em 1921, passou um período como hóspede de Walter Benjamin e sua mulher Dora, durante o qual criou-se uma situação erótico-afetiva que Gershom Scholem descreveu como análoga à apresentada por Goethe no romance *As afinidades eletivas*. (N. da E.)

[2] "*Wer blind wählet, dem schlägt Opferdampf/ In die Augen*", no original. Benjamin tomou estes versos à segunda estrofe do poema "As graças", de Fried-

à intenção com que se apresenta. Ela poderia aparecer como comentário; todavia, foi concebida como crítica. A crítica busca o teor de verdade de uma obra de arte; o comentário, o seu teor material.[3] A relação entre ambos determina aquela lei fundamental da escrita literária segundo a qual, quanto mais significativo for o teor de verdade de uma obra, de maneira tanto mais inaparente e íntima estará ele ligado ao seu teor material. Se, em consequência disso, as obras que se revelam duradouras são justamente aquelas cuja verdade está profundamente incrustada em seu teor material, então os dados do real[4] na obra apresentam-se, no transcurso dessa duração, tanto mais nítidos aos olhos do observador quanto mais se vão extinguindo no mundo. Mas com isso, e em consonância com a sua manifestação, o teor material

---

rich Gottlieb Klopstock (1724-1803). O verbo "eleger" (*wählen*) remete ao título do romance (literalmente: "As afinidades de eleição") e é de fundamental importância na interpretação de Benjamin. Observe-se, contudo, que em vários momentos da tradução, *wählen*, assim como o substantivo *Wahl*, aparecem não como "eleger" e "eleição", mas sim como "escolher" e "escolha", como, por exemplo, na observação de Benjamin de que "toda escolha, considerada a partir do destino, é 'cega' e conduz, cegamente, à desgraça". (N. da E.)

[3] Os termos "teor de verdade" e "teor material" (ou teor factual, teor de coisa) correspondem no original a *Wahrheitsgehalt* e *Sachgehalt*. O substantivo masculino *Gehalt* pode ser traduzido também por "conteúdo", mas este corresponde mais propriamente a *Inhalt*, o conteúdo objetivo — assunto, argumento, acontecimentos — de uma obra literária. *Gehalt*, por sua vez, conota também a visão de mundo ou os valores envolvidos na obra, razão pela qual optou-se aqui por "teor". Contudo, quando empregado no plural ou em outros contextos, *Gehalt* foi traduzido também como "conteúdo". (N. da E.)

[4] A expressão "dados do real" corresponde no original ao substantivo plural *Realien*, conhecimentos objetivos, "fatos" ou "coisas" da realidade incorporados à obra de arte. (N. da E.)

e o teor de verdade, que inicialmente se encontravam unidos na obra, separam-se na medida em que ela vai perdurando, uma vez que este último sempre se mantém oculto, enquanto aquele se coloca em primeiro plano. Consequentemente, torna-se cada vez mais uma condição prévia para todo crítico vindouro a interpretação do teor material, isto é, daquilo que chama a atenção e causa estranheza. Pode-se comparar esse crítico ao paleógrafo perante um pergaminho cujo texto desbotado recobre-se com os traços de uma escrita mais visível, que se refere ao próprio texto. Do mesmo modo como o paleógrafo deveria começar pela leitura desta última, também o crítico deveria fazê-lo pelo comentário. E inesperadamente surge-lhe daí um inestimável critério de seu julgamento: só agora ele pode formular a pergunta crítica fundamental, ou seja, se a aparência[5] do teor de verdade se deve ao teor material ou se a vida do teor material se deve ao teor de verdade. Pois na medida em que se dissociam na obra, eles tomam a decisão sobre a imortalidade da mesma. Nesse sentido, a história das obras prepara a sua crítica e, em consequência, a distância histórica aumenta o seu poder. Se, por força de um símile, quiser-se contemplar a obra em expansão como uma fogueira em chamas vívidas, pode-se dizer então que o comentador se encontra diante dela como o químico, e o crítico semelhantemente ao alquimista. Onde para aquele apenas madeira e cinzas restam como objetos de sua análise, para este tão somente a própria

---

[5] Empregado inúmeras vezes ao longo deste ensaio, o termo "aparência" corresponde no original a *Schein*, substantivo masculino que também significa "brilho". Do mesmo modo, o verbo *scheinen* pode ser traduzido tanto por "parecer" ou "aparentar", quanto por "brilhar", "reluzir". Ao campo semântico de *Schein* pertence, portanto, não só a conotação negativa de "ilusão, aparência enganosa", mas também a de manifestação sensível, fenomênica, relacionada a *Erscheinung*, isto é, "aparição" (*phainomenon*, em grego). (N. da E.)

chama preserva um enigma: o enigma daquilo que está vivo. Assim, o crítico levanta indagações quanto à verdade cuja chama viva continua a arder sobre as pesadas achas do que foi e sobre a leve cinza do vivenciado.

Para o poeta, assim como para o público de sua época, não é bem a existência, mas, na verdade, o significado dos dados do real na obra que irá manter-se sempre oculto. Uma vez, no entanto, que o eterno da obra se destaca apenas por sobre o fundamento desses dados, toda crítica contemporânea, por mais elevada que possa estar, abarca na obra mais a verdade em movimento do que a verdade em repouso, mais a atuação temporal do que o ser eterno. Ora, por mais valiosos que os dados do real possam ser para a interpretação da obra, seria quase desnecessário dizer que a produção goethiana não se deixa examinar como a de um Píndaro. Pelo contrário: certamente jamais houve um tempo que, como o de Goethe, tenha estranhado tanto a ideia de que os conteúdos mais essenciais da existência pudessem se configurar no mundo das coisas e que, sem uma tal configuração, sequer poderiam realizar-se. A obra crítica de Kant e a *Obra elementar* de Basedow,[6] uma dedicada ao sentido, a outra à contemplação da experiência daquele tempo, dão testemunho de maneira bem diversa, porém igualmente concludente, da precariedade dos conteúdos factuais de então. Nesse traço determinante do Iluminismo alemão — quando não do Iluminismo europeu em geral — pode ser avistada, por um lado, uma precondição imprescindível da obra kantiana e, por outro, da produção goethiana. Pois exatamente na época em que a obra de Kant estava concluída e, assim, traçado o itinerário através da

---

[6] Johann Bernhard Basedow (1724-1790), pedagogo alemão cujas teorias, muito apreciadas por Goethe, revelam forte influência de Rousseau. (N. da E.)

floresta desfolhada do real, iniciava-se a procura goethiana pelas sementes do eterno crescimento. Essa procura foi ao encontro daquela tendência do Classicismo que procurava apreender, não tanto o ético e o histórico, mas antes o mítico e o filológico. O seu pensamento direcionava-se, não para as ideias em devir, mas sim para os conteúdos configurados, da maneira como vida e linguagem os preservavam. Depois de Herder e Schiller, foram Goethe e Wilhelm von Humboldt que assumiram a liderança. Se o teor material renovado, que vigorava nas criações literárias do velho Goethe, escapava aos seus contemporâneos na medida em que esse teor não se enfatizava a si próprio, como no *Divã*,[7] isso acontecia porque até mesmo a procura por um tal teor lhes era estranha, muito ao contrário do fenômeno correspondente na Antiguidade.

Por mais nítidas que a intuição do conteúdo ou a percepção do fato fossem para os espíritos mais elevados do Iluminismo, mesmo estes se mostraram incapazes de se elevar à contemplação do teor material, o que se torna forçosamente evidente em relação ao casamento. Entendido este como uma das configurações mais rigorosas e objetivas do conteúdo da vida humana, nas *Afinidades eletivas* de Goethe pela primeira vez se expressa a nova visão do poeta voltada para a contemplação sintética dos conteúdos factuais. A definição kantiana do casamento na *Metafísica dos*

---

[7] *West-östlicher Divan* (*Divã do Ocidente e do Oriente*), o mais extenso ciclo de poemas de Goethe, redigido principalmente entre junho de 1814 e outubro de 1815 e publicado em 1819. O ciclo reflete o intenso contato de Goethe com a poesia oriental, em especial o poeta persa Hafiz (1326-1390), mestre incomparável do "gazel" e caracterizado até hoje pelos iranianos como "língua do mundo invisível". No idioma persa, "Divã" significa coleção ou coletânea de poemas, em geral organizados em ordem alfabética. (N. da E.)

costumes,[8] lembrada muitas vezes unicamente como exemplo de clichê rigoroso ou enquanto curiosidade da fase tardia e senil, é o produto mais elevado de uma *ratio* que, permanecendo fiel a si mesma de modo incoercível, penetra de forma infinitamente mais profunda na correlação dos fatos do que o faria um racionalizar imbuído de sentimentos. É verdade que o próprio teor material, que só se entrega à contemplação filosófica — mais propriamente: à experiência filosófica —, permanece oculto para ambos, mas onde esse racionalizar leva à perda do chão, aquela definição atinge exatamente o fundamento em que se constitui o verdadeiro conhecimento. Segundo o exposto, a definição kantiana explica o casamento como a "ligação entre duas pessoas de sexo diferente tendo em vista a posse recíproca e perpétua de suas propriedades sexuais. — A finalidade de gerar e educar filhos pode ser sempre uma finalidade da natureza, para a qual ela implanta a inclinação recíproca dos sexos; mas para a legitimação dessa ligação não é exigência obrigatória que o ser humano que contrai matrimônio tenha de propor a si mesmo essa finalidade; pois do contrário, cessando a procriação, o casamento ao mesmo tempo se dissolveria por si só". É certo que se tratou do mais colossal erro do filósofo acreditar que, a partir da definição que apresentou da natureza do casamento, pudesse expor por meio de derivação sua possibilidade ética, até mesmo sua necessidade, e desse modo ratificar sua realidade jurídica. Derivável da natureza objetiva do casamento seria manifestamente apenas a sua

---

[8] Referência à obra *Grundlegung zur Metaphysik der Sitten* (*Fundamentação para a metafísica dos costumes*), que Immanuel Kant publica nos anos de 1785 e 1786. Essa obra, em que o filósofo busca investigar o "mais elevado princípio da moralidade", desempenhou papel relevante na constituição do pensamento de Walter Benjamin, como já o demonstra o seu primeiro texto publicado ("O ensino de moral", 1913). (N. da E.)

refutabilidade — e é a essa conclusão que inesperadamente se chega no pensamento de Kant. Apenas isso é, pois, o decisivo: que o seu conteúdo jamais se comporta em relação ao fato de maneira derivável, mas deve ser apreendido antes enquanto chancela que o representa. Assim como a forma da chancela não é derivável da substância da cera, nem da finalidade do lacre, nem mesmo do sinete, onde é côncavo o que ali é convexo; assim como é compreensível apenas para aquele que já teve a experiência do procedimento da chancela, e evidente somente para aquele que conhece o nome que as iniciais apenas insinuam — assim o conteúdo do fato não pode ser derivado nem da percepção de sua constituição, nem mediante a exploração de sua determinação, e nem mesmo a partir da intuição do conteúdo; mas antes só é apreensível na experiência filosófica de seu cunho divino, só é evidente para a venturosa contemplação do nome divino. Dessa maneira, a percepção consumada do teor material das coisas em vigor coincide por fim com a percepção de seu teor de verdade. O teor de verdade revela-se como sendo aquele do teor material. Mesmo assim a sua diferenciação — e, com ela, a diferenciação entre comentário e crítica das obras — não é ociosa, na medida em que aspirar por acesso imediato não é em nenhuma outra parte mais confuso do que aqui, onde o estudo do fato e de sua determinação, assim como a intuição de seu conteúdo, devem preceder toda experiência. Numa tal determinação objetiva do casamento, a tese de Kant é algo consumado e, na consciência de sua ingenuidade, é sublime. Ou será que, divertindo-nos com as suas frases, esquecemo-nos do que as precede? O início daquele parágrafo diz: "A comunhão sexual (*commercium sexuale*) é o uso recíproco que um ser humano faz dos órgãos e faculdades sexuais de outro (*usus membrorum et facultatum sexualium alterius*), e tal uso ou é natural (aquele pelo qual se pode conceber um ser semelhante) ou antinatural, e este, por sua vez, é o uso ou de uma pessoa do mesmo sexo ou de um animal de outra espécie que não a humana". Assim diz Kant. Colocando-se ao lado deste parágrafo da *Metafísica dos costumes* a *Flauta mágica* de Mozart, então parecem apresentar-se as mais extremas e, ao mesmo tempo, as mais profundas visões que aquela época tinha do casamento. Pois a *Flauta mágica* tem como tema, na medida em que isso é possível a uma ópera, exatamente o amor conjugal. Nem mesmo Cohen,[9] em cujo estudo tardio sobre os libretos de Mozart as duas obras mencionadas se confrontam num espírito tão digno, parece ter reconhecido isso completamente. É menos o anelo dos amantes do que a constância dos cônjuges que constitui o conteúdo da ópera. Não é apenas para se conquistarem um ao outro que eles são obrigados a atravessar fogo e água, mas sim para permanecerem unidos para sempre. Por mais que o espírito da franco-maçonaria tivesse de dissolver todos os vínculos objetivos, aqui a intuição do conteúdo alcançou a expressão mais pura no sentimento da fidelidade.

Será que Goethe, nas *Afinidades eletivas*, estará realmente mais próximo do teor material do casamento do que Kant e Mozart? Teríamos pura e simplesmente que negar se quiséssemos — na esteira de toda a filologia de Goethe — tomar a sério as palavras de Mittler[10] sobre esse assunto, como se fossem as palavras

---

[9] Hermann Cohen (1842-1918), filósofo neokantiano e fundador da chamada Escola de Marburg (cidade em cuja universidade foi professor). Entre suas principais obras estão *Teoria kantiana da experiência* (1871), *Sistema de filosofia* (1902-1912), *Estética do sentimento puro* (1912), *Religião da razão a partir das fontes do judaísmo* (1919). (N. da E.)

[10] As palavras de Mittler citadas na sequência encontram-se no nono capítulo da primeira parte do romance. Como revela o teor dessa fala, o papel desempenhado por Mittler é o de defensor encarniçado e intransigente do casamento, procurando agir como "mediador" em todos os casos de conflito conjugal. Essa

do poeta. Nada autoriza a uma tal suposição, mas ela é bem compreensível. De fato, o olhar vertiginoso buscava um ponto de apoio nesse mundo que afunda como se estivesse girando num redemoinho. Ali se achavam somente as palavras daquele falastrão encrespado, as quais os leitores se contentavam em poder tomar ao pé da letra, tal como as haviam encontrado.

> "Aquele que, na minha frente, atacar o matrimônio — exclamou ele —, aquele que, com palavras e também com ações minar esse fundamento de toda a sociedade ética, terá de haver-se comigo; e se eu não conseguir prevalecer sobre ele, então não tenho nada mais a ver com ele. O casamento é o início e o ápice de toda a cultura. Ele transforma a pessoa grosseira em afável, e a pessoa mais civilizada não tem oportunidade melhor para demonstrar sua afabilidade. O casamento tem de ser indissolúvel, pois traz tanta felicidade que toda infelicidade isolada não conta diante dele. E quem vai querer falar aqui de infelicidade? Impaciência é o que acomete o ser humano de tempos em tempos, e ele tende então a sentir-se infeliz. Mas que se deixe passar esse momento e a pessoa irá se declarar feliz por continuar vigorando o que vigora há tanto tempo. Para separar-se nunca haverá motivo suficiente. A condição humana está assentada em tal profusão de sofrimentos e alegrias que de modo algum pode ser calculado aquilo que um cônjuge fica devendo ao outro. Trata-se de uma dívida infinita, que só pode ser saldada pela eternidade. Pode ser incômodo às vezes, sei muito bem, e isso até que é bom. Não

---

função já vem expressa no nome Mittler, "mediador", e logo em sua primeira aparição no romance observa o narrador: "Aqueles que são supersticiosos em relação ao significado de nomes afirmam que o nome Mittler o obrigou a assumir a mais insólita das resoluções". (N. da E.)

estamos também casados com a nossa consciência, da qual com frequência gostaríamos de nos livrar por ser mais incômoda do que qualquer marido ou esposa jamais poderia se tornar?"

Até mesmo aqueles que não viam a pata de cavalo desse moralista estrito seriam levados a pensar, pelas palavras citadas, que nem mesmo Goethe, o qual muitas vezes se mostrava inescrupuloso quando se tratava de dar uma lição aos melindrosos, caíra na tentação de assinalar as palavras de Mittler. Pelo contrário, é altamente significativo que essa filosofia do casamento seja apresentada por alguém que nem sequer é casado e que, entre todos os homens do círculo, apareça na mais baixa posição. Em todas as ocasiões importantes em que ele dá rédeas ao seu discurso, torna-se inoportuno, seja no batismo do recém-nascido, seja nos últimos momentos de Ottilie com seus amigos.[11] E se, desse modo, o mau gosto se torna suficientemente perceptível em suas consequências, Goethe concluiu da seguinte maneira após a famosa apologia que Mittler faz do casamento: "Assim ele falou vividamente e com certeza teria falado ainda por muito mais tempo". Ilimitadamente pode-se, de fato, prosseguir com um tal discurso que — para utilizar as palavras de Kant — é uma "asquerosa miscelânea", "uma compilação precária" de infundadas máximas humanitárias e de instintos jurídicos turvos e enganadores. A ninguém deveria escapar a impureza ali existente, essa indiferença em relação à verdade na vida dos cônjuges. Tudo conflui para a exigência do estatuto. Na verdade, contudo, o

---

[11] A expressão "amigos" (*Freunde*), que Benjamin emprega várias vezes no ensaio, provém do próprio Goethe: é assim que o narrador se refere às quatro personagens principais da história (Eduard, Charlotte, Ottilie e o Capitão), e também estas se designam frequentemente como "amigos". (N. da E.)

casamento nunca tem nas leis a sua justificativa — isso o revelaria enquanto mera instituição —, mas sim unicamente como expressão da existência do amor que, por natureza, buscaria essa expressão antes na morte que na vida. Para o romancista, no entanto, tornou-se imprescindível nessa obra a manifestação da norma jurídica. Pois ele não queria, como Mittler, fundamentar o casamento, mas sim mostrar aquelas forças que dele nascem no processo de seu declínio. Mas estas forças são certamente os poderes míticos do direito, e neles o casamento é apenas um naufrágio cuja execução não foi por ele decretada. Mesmo a sua dissolução só é nociva porque não são as mais elevadas forças que a engendram. E apenas nessa desgraça provocada jaz o inevitável horror da execução. Com isso, porém, Goethe toca efetivamente no conteúdo objetivo do casamento. Pois mesmo que ele não tenha imaginado mostrá-lo sem distorção, a percepção do relacionamento que vai naufragando permanece suficientemente forte. Tão somente no naufrágio ele se torna um relacionamento jurídico, tal como Mittler o sustenta. A Goethe, entretanto, mesmo que não tenha jamais obtido um conhecimento puro da consistência moral desse vínculo, não ocorreu fundamentar o casamento mediante o direito matrimonial. A moralidade do casamento, em seu fundamento mais profundo e secreto, era para ele o menos patente. Em oposição a essa moralidade, o que deseja mostrar na forma de vida do conde e da baronesa não é tanto a imoralidade como a sua nulidade. Isso se comprova justamente no fato de que eles não estão conscientes nem da natureza moral de seu presente relacionamento nem da natureza jurídica daqueles relacionamentos que abandonaram. — O objeto das *Afinidades eletivas* não é o casamento. Em nenhum lugar do romance as instâncias éticas do casamento poderiam ser encontradas. Desde o início elas estão em processo de desaparição, assim como a praia sob as águas durante a maré enchente. O casamento não é aqui um problema ético e tampouco social. Ele não constitui uma forma de vida burguesa. Em sua dissolução, tudo o que é humano torna-se manifestação visível, e o que é mítico remanesce apenas como essência.

É verdade que a esse fato se opõem as aparências. De acordo com estas, uma espiritualidade maior só pode ser pensada num casamento em que nem mesmo a decadência consegue diminuir o decoro dos envolvidos. Mas, no âmbito da civilidade, o que é nobre está ligado ao relacionamento da pessoa com sua expressão. Quando a expressão nobre não condiz com a pessoa, a nobreza é colocada em questão. E essa lei, cuja validade certamente não se poderia enunciar de modo irrestrito sem se cometer um grave erro, estende-se para além do âmbito da civilidade. Se há incontestavelmente domínios de expressão cujos conteúdos são válidos sem levar em conta a pessoa que os expressa, se estes domínios são os mais elevados de todos, então aquela condição vinculante permanece inviolável para o âmbito da liberdade no mais amplo sentido. A este âmbito pertence a configuração individual daquilo que é conveniente, a ele pertence a configuração individual do espírito: tudo aquilo que é chamado de formação. E é desse fato que os personagens intimamente relacionados dão testemunho em primeiro lugar. Será isso realmente apropriado à situação deles? Menos hesitação teria trazido liberdade, menos silêncio teria trazido clareza, menos complacência, a decisão. Desse modo, a formação conserva o seu valor apenas onde lhe é concedido manifestar-se. Também em outros aspectos o enredo do romance demonstra isso com clareza.

Os condutores da ação romanesca, enquanto pessoas cultas, são praticamente livres de superstição. Quando esta, vez por outra, assoma em Eduard, isso se dá de início apenas na forma bastante amável de uma inclinação a presságios favoráveis, enquanto tão somente o caráter mais banal de Mittler deixa visíveis, apesar de sua conduta autossuficiente, traços desse medo verdadeiramente supersticioso perante sinais de mau agouro. Ele é o único a quem o receio não piedoso, mas sim supersticioso, impede de pisar o solo do cemitério como qualquer outro terreno, ao passo que, para os amigos, não parece ser indecoroso passear por ali, nem proibido dispor à vontade desse espaço. Sem escrúpulos, até mesmo sem qualquer consideração, as lápides são enfileiradas junto ao muro da igreja, e o solo aplainado, que é cortado por uma trilha, fica à disposição do religioso para semeá-lo com trevos. Não se pode imaginar uma ruptura mais definitiva com a tradição do que aquela efetuada com as sepulturas dos antepassados, que não só no sentido do mito, mas também da religião, fundamentam o solo sob os pés dos vivos. Para onde essa liberdade conduz os protagonistas? Bem longe de abrir novas perspectivas, ela os torna cegos diante do real que habita o que é temido. E isso porque a liberdade lhes é inadequada. Apenas a ligação estrita a um ritual — que só deve receber o nome de superstição quando, arrancado de seu contexto, sobrevive de maneira rudimentar — pode prometer a esses seres humanos um apoio perante a natureza na qual vivem. Carregada de forças sobre-humanas, como só a natureza mítica o é, ela entra em cena de forma ameaçadora. De quem é o poder, senão dela, que chama para as profundezas o religioso que havia plantado seus trevos no terreno do cemitério? Quem, senão ela, põe o cenário embelezado sob uma luz pálida? Pois uma tal luz domina — entendida de modo literal ou figurado — toda a paisagem. Em parte alguma esta aparece sob a luz do sol. E por mais que se fale de propriedade rural, jamais se menciona a semeadura ou se toca em negócios que sirvam, não ao ornamento, mas sim ao sustento. A única alusão neste sentido — a previsão da colheita no vinhedo — conduz do cenário da ação à propriedade da baronesa. De maneira tanto mais nítida se manifesta a força magnética do interior da terra. Sobre ela diz Goethe na *Teoria das cores* — possivelmente nessa mesma época — que, para aquele que se mostra atento, a natureza "em nenhuma parte está morta ou muda; até mesmo ao rígido corpo terrestre ela deu um confidente — um metal em cujas partículas deveríamos perceber o que ocorre com a massa inteira". As figuras de Goethe estão em comunhão com essa força e se comprazem no jogo com o que está abaixo assim como se comprazem no jogo com o que está acima. E, contudo, que outra coisa são as suas incansáveis providências para embelezá-lo senão a permuta de bastidores de uma cena trágica? É desse modo que se manifesta ironicamente um poder oculto na existência desses nobres rurais.

Tanto o telúrico como as águas constituem a expressão desse poder. Em momento algum o lago nega a sua natureza funesta sob a superfície morta do seu espelho. Uma crítica mais antiga fala de modo significativo do "destino horripilante e demoníaco que reina em torno do lago recreativo". Enquanto elemento caótico da vida, a água ameaça aqui não como torrente devastadora que carreia ao homem a sua ruína, mas sim no silêncio enigmático que o faz sucumbir. Na extensão em que o destino reina, os amantes vão ao encontro de sua perdição. Na medida em que rejeitam a bênção da terra firme, ficam à mercê do insondável que surge nas águas dormentes como algo primevo. Literalmente se vê como eles invocam o velho poderio das águas. Pois aquela reunificação das águas, na maneira como passo a passo vai erodindo o terreno, conflui por fim na reconstituição do antigo lago montanhesco que havia nessa região. Em tudo isso é a própria natureza que, sob a ação de mãos humanas, agita-se de forma sobre-humana. De fato: até mesmo o vento, "que empurra o barco para junto dos plátanos, eleva-se" — como presume sarcasticamente o autor da resenha publicada no *Kirchenzeitung* [Jornal Eclesiástico] — "provavelmente por ordem das estrelas".

Os próprios homens são obrigados a testemunhar o poder da natureza. Pois em parte alguma subtraíram-se eles a tal poder. Em relação aos homens, esse fato constitui a fundamentação específica daquele princípio mais geral, segundo o qual as personagens de uma obra não podem jamais estar submetidas ao julgamento moral. E, na verdade, não porque este, como o de seres humanos, ultrapassasse todo discernimento humano. Pelo contrário, os fundamentos desse julgamento já proíbem incontestavelmente a sua aplicação a personagens. A filosofia moral tem de provar de maneira estrita que personagens ficcionais são sempre demasiado ricas e demasiado pobres para se submeterem ao julgamento moral. Este só pode ser aplicado a seres humanos. Destes se diferenciam as figuras do romance pelo fato de estarem totalmente presas à natureza. E é indicado julgá-las não do ponto de vista ético, mas sim apreender os acontecimentos do ponto de vista moral. Seria insensato proceder como Solger, posteriormente também como Bielschowsky, e, justamente no ponto em que se possa alcançar aceitação imediata, expor um vago juízo subjetivo e de ordem moral, o qual jamais se atreveria a manifestar-se por si próprio. A figura de Eduard não satisfaz a ninguém. Contudo, quão mais profunda do que a visão deles é a de Cohen, para quem — em consonância com as exposições de sua *Estética* — não há sentido em isolar a figura de Eduard do todo do romance. Sua irresponsabilidade, a bem dizer, sua rudeza é a expressão de desespero fugidio numa vida perdida. "Na disposição toda desse relacionamento", diz Cohen, Eduard aparece "exatamente como se define a si mesmo" diante de Charlotte: "'pois na verdade eu dependo mesmo só de você!' Ele é um joguete, certamente não para os caprichos que Charlotte de maneira alguma possui, mas para o objetivo final das afinidades eletivas, ao qual tende, a partir de todas as oscilações, a natureza central dessas afinidades com o seu centro de gravidade fixo".

Desde o início as personagens estão sob o encantamento das afinidades eletivas. Mas seus estranhos movimentos não fundamentam, de acordo com a visão profunda e cheia de pressentimentos de Goethe, uma harmonia intimamente espiritual dos seres, mas sim tão somente a harmonia especial das camadas naturais mais profundas. É que estas são entendidas mediante a leve imperfeição que se adere sem exceção aos acontecimentos. É verdade que Ottilie adapta-se à forma de Eduard tocar flauta, mas essa forma está errada. É verdade que Eduard, enquanto lê, tolera em Ottilie aquilo que veda a Charlotte, mas se trata de um mau costume. É verdade que ele se sente maravilhosamente entretido por Ottilie, mas ela se mantém em silêncio. É verdade que ambos até mesmo sofrem juntos, mas isso não passa de uma dor de cabeça. Essas figuras não são naturais, pois os filhos da natureza — num estado natural fictício ou real — são seres humanos. Elas, porém, submetem-se no auge de sua formação cultural a forças que essa formação considera dominadas, por mais que a cada vez se mostre impotente para subjugá-las. Essas forças deram aos seres humanos o senso para o que é conveniente; já para o que é moral, eles o perderam. Não se trata aqui de um julgamento de sua ação, mas um julgamento de sua linguagem. Pois eles seguem seu caminho sentindo, porém surdos; enxergando, porém mudos. Surdos perante Deus e mudos diante do mundo. Ao prestarem contas fracassam, não pelo seu agir, mas sim pelo seu existir. Eles emudecem.

Nada vincula tanto o ser humano à linguagem quanto seu nome. Dificilmente haverá em qualquer outra literatura uma narrativa da extensão das *Afinidades eletivas* em que se encontrem tão poucos nomes. A parcimônia na nomeação é suscetível de uma outra interpretação que não aquela costumeira, que remete à inclinação de Goethe por figuras típicas. Ao contrário, essa parcimônia pertence, de maneira a mais íntima, à essência de uma ordem cujos elos vão vivendo sob uma lei sem nome, sob uma fatalidade que enche o mundo das figuras com a pálida luz do eclipse solar. Todos os nomes são apenas nomes de batismo, com exceção do de Mittler. Neste nome não se deve enxergar nenhuma brincadeira — e, portanto, nenhuma alusão do autor —, mas sim uma formulação que indica, de modo incomparavelmente certeiro, a essência do nomeado. Ele deve ser considerado como um homem cujo amor-próprio não permite nenhuma abstração quanto às alusões que parecem estar presentes em seu nome, o qual, assim, o deprecia. Seis nomes, fora o seu, encontram-se na narrativa: Eduard, Otto, Ottilie, Charlotte, Luciane e Nanny. Destes, porém, o primeiro é como que inautêntico. Ele é arbitrário, escolhido por causa de sua sonoridade — um traço no qual seguramente se pode vislumbrar uma analogia com o deslocamento das lápides. Também se junta ao nome composto um presságio, pois são as suas iniciais E e O que determinam que um dos copos dos tempos de juventude do barão[12] se torne a garantia de sua felicidade amorosa.

Aos críticos nunca escapou a profusão de aspectos prenunciadores e paralelos no romance. Ela é considerada como expressão evidente de seu gênero, apreciada de maneira suficiente já há muito tempo. Entretanto, abstraindo-se totalmente de sua interpretação, parece que nunca se apreendeu plenamente com quanta profundidade essa expressão perpassa toda a obra. Somente

---

[12] No manuscrito original Benjamin escreve "*des Grafens*" ("do conde"), confundindo o título de Eduard com o do conde que ingressa no enredo romanesco como amante da baronesa. O lapso é notório, pois logo na abertura do romance Eduard é apresentado como "um rico barão". As iniciais E e O referem-se aos nomes do proprietário do objeto (Eduard Otto), mas este as interpreta posteriormente como sinal de um destino que aponta para sua aliança como Ottilie. (N. da E.)

quando isto aparece elucidado, torna-se evidente que não se trata, nesse ponto, nem de uma tendência bizarra do autor nem de algo para simplesmente intensificar a tensão da narrativa. Só então vem também à luz com mais exatidão aquilo que esses aspectos quase sempre encerram. É um simbolismo da morte. "Que isso deva conduzir a casas malignas, vê-se logo de início", assim formula Goethe com uma estranha expressão. (Esta tem possivelmente origem astrológica; o dicionário dos irmãos Grimm não a conhece.) Numa outra ocasião o autor aponta para o sentimento de "ansiedade" que deve invadir o leitor com a decadência moral nas *Afinidades eletivas*. Também é relatado que Goethe dava importância ao "modo rápido e irrefreável com que acarretara a catástrofe". Nos traços mais ocultos, a obra toda está entretecida com esse simbolismo. Sua linguagem, porém, incorpora sem esforço o sentimento que lhe é familiar, enquanto que para a compreensão objetiva do leitor só se oferecem belezas seletas. Em algumas poucas passagens Goethe forneceu também a essa compreensão um indício, e no geral essas poucas passagens foram as únicas a serem notadas. Todas elas estão relacionadas ao episódio da taça de cristal que, destinada a estilhaçar-se, foi apanhada no ar e preservada. Trata-se da oferenda tributada à construção, que é rechaçada durante a inauguração da casa que será o local da morte de Ottilie. Mas também aqui Goethe preserva o procedimento secreto, já que faz derivar da exuberância feliz o gesto que consuma esse cerimonial. Nas palavras em tom franco-maçônico do assentamento da pedra fundamental está contida de forma mais clara uma advertência sepulcral: "É um empreendimento sério e o nosso convite também está imbuído de seriedade: pois essa solenidade é celebrada nas profundezas. Aqui, nos limites desta escavação estreita, os senhores nos concedem a honra de estarem presentes como testemunhas de nosso secreto empreendimento". Da preservação da taça, saudada com júbilo, provém o grande motivo do enceguecimento. Exatamente esse sinal da oferenda desprezada é o que Eduard procura por todos os meios assegurar para si. Por um alto preço adquiriu-a após a festa. Com toda razão diz uma velha resenha: "Porém quão estranho e aterrorizante! Do mesmo modo como todos os presságios não levados em conta se cumprem, este levado em conta é entendido de forma enganosa". E, de fato, não faltam tais presságios não levados em conta. Os três primeiros capítulos da segunda parte estão inteiramente repletos de preparativos e conversas concernentes à sepultura. É digna de nota, no decorrer das conversas, a interpretação frívola, até banal, da sentença *mortuis nihil nisi bene.*[13] "Já ouvi perguntarem por que as pessoas falam tão bem dos mortos, mas dos vivos sempre com certo cuidado. A resposta foi: porque daqueles não se tem nada a recear, e estes ainda podem em algum lugar aparecer-nos pelo caminho." Com que ironia parece revelar-se também aqui um destino, por meio do qual aquela que fala, Charlotte, experimenta com quanto rigor dois mortos se interpõem em seu caminho. Os dias que pressagiam a morte são aqueles três nos quais recai a festa de aniversário dos amigos. Assim como o assentamento da pedra fundamental no aniversário de Charlotte, também a festa da cumeeira no aniversário de Ottilie tem de realizar-se sob sinais ominosos. Nenhuma bênção foi lançada à casa. No aniversário de Eduard, porém, sua amiga abençoa de forma pacífica o jazigo concluído. Ao relacionamento de Ottilie com a capela em elaboração, cujo propósito evidentemente ainda não está expresso, é contraposto de modo bem peculiar o relacionamen-

---

[13] Livre tradução latina de uma frase grega de Quilão, citada por Diógenes Laércio, "*De mortuis nil nisi bene*": "Dos mortos nada se fale além do bem" ou "Não (se fale) dos mortos, a não ser para dizer o bem". (N. da E.)

to de Luciane com o monumento fúnebre do mausoléu. A natureza de Ottilie emociona profundamente o construtor, já os esforços de Luciane em ocasião semelhante permanecem sem efeito. Nesse contexto o jogo é aberto e a seriedade, secreta. Essa igualdade oculta, que por ter estado oculta torna-se mais contundente ao ser descoberta, aparece também no motivo das caixinhas. Ao presente para Ottilie, que contém o tecido de sua futura mortalha, corresponde o recipiente do arquiteto com os achados de tumbas pré-históricas. Uma das caixinhas foi adquirida junto a "comerciantes e negociantes de moda", da outra se diz que seu conteúdo ganhava através de sua arrumação "um toque gracioso" e que "era um prazer contemplar seu interior, do mesmo modo como se olha para dentro das caixas de um negociante de moda".

Também essa espécie de correspondência — nos casos mencionados, sempre símbolos da morte — não pode ser simplesmente explicada pela tipologia da composição goethiana, como tenta fazer R. M. Meyer. Pelo contrário, a análise só atinge o seu objetivo quando reconhece essa tipologia como fatal. Pois o "eterno retorno do mesmo", tal como este se impõe de maneira inflexível na mais íntima variedade de sentimentos, é o sinal do destino, seja se assemelhando na vida de muitos, seja se repetindo na vida de pessoas isoladas. Duas vezes Eduard oferece seu sacrifício à fatalidade: a primeira vez com o cálice, depois — ainda que não mais de plena anuência — com a própria vida. Ele próprio reconhece essa correlação: "Uma taça marcada com as nossas iniciais, arremessada ao ar durante o assentamento da pedra fundamental, não se despedaçou; foi apanhada a tempo e está novamente em minhas mãos. Quero assim, disse a mim mesmo nesse lugar solitário em que passei tantas horas de incerteza, quero colocar-me a mim mesmo no lugar do copo como um símbolo, a fim de experimentar se a nossa aliança é possível ou não. Vou partir e procurar a morte, não como um tresloucado, mas sim como alguém que espera viver". Também na descrição da guerra em que ele se atira a crítica reencontrou aquela tendência à tipificação como princípio artístico. Mas, até mesmo aqui, poder-se-ia perguntar se Goethe não elaborou o tema da guerra de maneira tão generalizada porque tinha diante de si a odiada guerra contra Napoleão. Seja como for: nessa tipologia deve-se apreender não apenas um princípio artístico, mas sim principalmente um motivo da existência fatídica. Essa espécie fatídica do existir, que engloba em si naturezas vivas num único contexto de culpa e expiação, o autor desdobrou-a ao longo da obra toda. Mas essa espécie do existir não pode ser comparada à existência das plantas, como supõe Gundolf. Impossível imaginar uma oposição mais exata do que essa. Não, não é de modo algum "segundo a analogia da relação entre gérmen, flor e fruto que se pode entender também o conceito de lei goethiano, seu conceito de destino e de caráter nas *Afinidades eletivas*". Nem o conceito de Goethe, nem o de qualquer outro autor que seja convincente. Pois o destino (outra coisa ocorre com o caráter) não afeta a vida de plantas inocentes. Nada está mais distante dessa vida. Por outro lado, ele se desdobra de maneira irresistível na vida culpada. Destino é o conjunto de relações que inscreve o vivente no horizonte da culpa. Assim o tratou Zelter em relação a essa obra quando, comparando-a com *Os cúmplices*,[14] observa sobre a comédia: "Contudo, exatamente por isso não possui um efeito agradável, uma vez que surge diante de toda porta, atinge também os bons, e desse modo comparei-a com *As*

[14] A comédia, em versos alexandrinos, *Os cúmplices* (*Die Mitschuldigen*) foi concebida e iniciada no final de 1768, encenada em Weimar no ano de 1777 (com o próprio Goethe no papel do herói Alceste) e publicada em versão definitiva em 1787. (N. da E.)

afinidades eletivas, obra em que também os melhores têm algo a ocultar e devem acusar a si mesmos por não estarem no caminho certo". Não se pode caracterizar o elemento do destino de maneira mais segura. E é assim que ele aparece nas *Afinidades eletivas*: como a culpa que se herda ao longo da vida. "Charlotte dá à luz um filho. A criança nasce da mentira. Como sinal disso, tem os traços do Capitão e de Ottilie. Por ser fruto da mentira, está condenada à morte. Pois só a verdade é substancial. A culpa por sua morte deve recair sobre aqueles que não expiaram, mediante autossuperação, a culpa por essa existência sem verdade interior. Estes são Ottilie e Eduard. — Ter-se-á formulado mais ou menos assim o esquema natural-filosófico e ético que Goethe esboçou para os capítulos finais". Uma coisa é incontestável nessa suposição de Bielschowsky: corresponde absolutamente à ordem do destino que a criança, adentrando pelo nascimento essa ordem, não redima o velho dilaceramento, mas, herdando a sua culpa, tenha necessariamente de perecer. Não se trata aqui de culpa moral — como poderia a criança adquiri-la? — mas sim de culpa natural, na qual os homens incorrem não por decisão e ação, mas sim por suas omissões e celebrações. Quando, não respeitando aquilo que é humano, eles sucumbem ao poder da natureza, então sua vida é arrastada para baixo pela vida natural, a qual, ligando-se logo a uma vida superior, já não conserva mais no homem a inocência. Com o desvanecimento da vida sobrenatural no homem, sua vida natural torna-se culpa, mesmo que em seu agir não cometa nenhuma falta em relação à moralidade. Pois agora está no território da mera vida, o qual se manifesta no ser humano enquanto culpa. O ser humano não escapa ao infortúnio que a culpa chama sobre ele. Assim como cada movimento dentro dele provocará culpa, cada um de seus atos haverá de trazer-lhe a desgraça. Isso o autor acolhe naquele velho assunto dos contos maravilhosos, no qual o felizardo, que por generosidade distribui excessivamente, ata indissoluvelmente o *fatum* a si. Essa é também a conduta do enceguecido.

Se o homem desceu a esse ponto, então até mesmo a vida de coisas aparentemente mortas ganha poder. Com muita razão, Gundolf apontou para a importância do elemento das coisas no desenrolar da história. É, de fato, um critério do mundo mítico aquela incorporação de todas as coisas à vida. Entre elas, a primeira foi desde sempre a casa. Assim, o destino vai se aproximando na mesma medida em que a casa vai sendo concluída. Assentamento da pedra fundamental, festa da cumeeira e a habitação da casa marcam as várias etapas da derrocada. A casa localiza-se sem vista para os povoados, está isolada, e é habitada quase sem mobília. Em seu terraço, Charlotte, estando ausente, aparece em um vestido branco à sua amiga. Também deve ser levado em consideração o moinho no fundo do bosque sombreado, onde os amigos se reuniram pela primeira vez ao ar livre. O moinho é um antigo símbolo do mundo subterrâneo. Pode ser que esse símbolo se deva à natureza desintegradora e transformadora do ato de moer.

Nesse círculo, as forças que surgem com o desmoronamento do casamento têm necessariamente de triunfar. Pois são justamente aquelas do destino. O casamento parece uma sina mais poderosa do que a escolha[15] à qual os amantes se apegam. "Deve-se perseverar ali onde, mais do que a escolha, o destino nos coloca. Manter-se firme junto a um povo, uma cidade, um príncipe, um amigo, uma mulher; relacionar tudo o mais a isso e, por

[15] Nesta passagem, "escolha" corresponde no original a *Wahl*, que se traduz também por "eleição", que ressoa no adjetivo "eletivas" do título do romance em português. Outra tradução possível para esse título, como apontado na nota 2, poderia ser "As afinidades de eleição". (N. da E.)

tal motivo, fazer de tudo, renunciar a tudo, suportar tudo: isto sim é valorizado". Assim formula Goethe em seu ensaio sobre Winckelmann a contraposição em questão. Toda escolha, considerada a partir do destino, é "cega" e conduz, cegamente, à desgraça. De forma bem poderosa, a lei transgredida opõe-se à escolha exigindo o sacrifício com vistas à expiação do casamento abalado. Sob o arquétipo mítico do sacrifício, consuma-se então nesse destino o simbolismo da morte. Ottilie está predestinada a isso. Como uma conciliadora, "Ottilie encontra-se ali no esplêndido" (e vivo) "quadro; ela é a *Mater dolorosa*, a aflita, cuja alma a espada transpassa", diz Abeken[16] na resenha tão admirada pelo autor. O também comedido ensaio de Solger,[17] igualmente respeitado por Goethe, expressa algo semelhante. "Ela é a verdadeira filha da natureza e ao mesmo tempo sua vítima". Deve, porém, ter escapado completamente a ambos os resenhistas o conteúdo desse processo, já que partiram não da totalidade da representação, mas sim da essência da heroína. Só no primeiro caso o falecimento de Ottilie apresenta-se indubitavelmente como um ato de sacrifício. Que a sua morte seja um sacrifício mítico — se não na intenção do autor, então certamente na intenção bem mais decidida de sua obra — isso se torna evidente em duas coisas. Primeiro: encobrir na obscuridade mais completa a decisão que, como em nenhuma outra parte, expressa a essência mais profunda de Ottilie não se opõe apenas ao senti-

---

[16] O filólogo Bernhard Rudolf Abeken (1780-1866) publicou sua ampla resenha das *Afinidades eletivas* em 1810. Goethe providenciou várias cópias dessa resenha e as distribuiu entre amigos e conhecidos. (N. da E.)

[17] Carl Wilhelm Ferdinand Solger (1780-1819): filósofo e esteta ligado ao Romantismo alemão. Sob a data de 21 de janeiro de 1821, Goethe elogia a Eckermann as observações de Solger sobre *As afinidades eletivas*. (N. da E.)

do da forma romanesca; não, também para o tom geral do romance parece estranho o modo imediato, quase brutal, com que o efeito daquela decisão vem à tona. E mais: o que aquela obscuridade esconde, desprega-se do restante da obra — a possibilidade, a bem da verdade, a necessidade do sacrifício segundo as mais profundas intenções desse romance. Assim, Ottilie sucumbe não apenas como "vítima do destino" (menos ainda por "sacrificar-se" verdadeiramente a si mesma), mas sim de forma mais implacável, mais precisamente, como a vítima que redime os culpados. Pois a expiação, no sentido do mundo mítico que o autor evoca, é desde sempre a morte dos inocentes. Por isso Ottilie, a despeito de seu suicídio, morre como mártir, deixando restos mortais milagrosos.

Em parte alguma, na verdade, o mítico constitui o teor material mais elevado, mas por toda parte aponta rigorosamente para este. Como tal, Goethe fez do mítico o fundamento de seu romance. Ele constitui o teor material desse livro: seu conteúdo aparece como um jogo mítico de sombras com a roupagem da época goethiana. É tentador confrontar uma concepção que causa tal estranheza com aquilo que Goethe pensava a respeito de sua obra. Não que o caminho da crítica tenha de ser traçado a partir das declarações do autor; mas, quanto mais a crítica se afasta destas, menos desejará fugir à tarefa de também compreendê-las a partir das mesmas motivações ocultas, como o faz com a obra. É evidente que o princípio único para uma tal compreensão não pode residir aí. Pois os elementos biográficos, que não integram o comentário nem a crítica, têm aqui seu lugar. As observações de Goethe sobre essa obra são motivadas pelo seu esforço no sentido de enfrentar os julgamentos contemporâneos. Por isso seria apropriado voltar o olhar a esses julgamentos, ainda que nenhum interesse muito mais imediato do que o indicado por essa referência direcionasse a atenção para tais julgamentos. Entre as vozes dos contemporâneos pesam pouco aquelas — na maioria, vozes de críticos anônimos — que saúdam a obra com o respeito convencional que já naquela época era devido a tudo o que provinha de Goethe. Importantes são as formulações marcantes, o modo como elas foram preservadas sob o nome de diversos comentaristas eminentes. Por isso, elas não são atípicas. Pelo contrário, exatamente entre os seus autores estavam os primeiros que se atreveram a declarar o que críticos inferiores só por respeito ao autor não quiseram admitir. Mas nem por isso Goethe deixou de sentir a opinião de seu público e, numa retrospectiva amarga e exata, advertiu a Zelter em 1827 que seus leitores, como ele mesmo deveria se recordar, comportaram-se perante *As afinidades eletivas* "como diante da túnica de Nesso". Espantados, embotados, como que abatidos, encontravam-se diante de uma obra na qual julgavam que deviam apenas buscar ajuda para as confusões de suas próprias vidas, sem querer se aprofundar de maneira altruísta na essência de uma vida alheia. Nesse sentido, o julgamento de Madame de Staël em *De l'Allemagne* é representativo. Ela diz: "*On ne saurait nier qu'il n'y ait dans ce livre [...] une profonde connaissance du coeur humain, mais une connaissance décourageante; la vie y est représentée comme une chose assez indifférente, de quelque manière qu'on la passe; triste quand on l'approfondit, assez agréable quand on l'esquive, susceptible de maladies morales qu'il faut guérir si l'on peut, et dont il faut mourir si l'on n'en peut guérir*".[18] Algo semelhante parece estar indicado

---

[18] "Não se pode negar que há neste livro [...] um profundo conhecimento do coração humano, mas um conhecimento desencorajador; a vida é ali representada como uma coisa bastante indiferente, não importando a maneira como seja vivida; triste quando se aprofunda nela, bastante agradável quando se esquiva de-

de forma mais enfática na formulação lacônica de Wieland (extraída de uma carta cuja destinatária é desconhecida): "confesso-lhe, minha amiga, que li essa obra realmente terrível não sem tomar caloroso partido". Os motivos objetivos de uma tal rejeição, os quais mal alcançavam a consciência de um leitor moderadamente crítico, vêm à tona de maneira crassa no veredicto do setor clerical. Aos fanáticos mais perspicazes não puderam escapar as notórias tendências pagãs na obra. Pois mesmo que o autor tenha sacrificado toda felicidade dos amantes àqueles poderes obscuros, um instinto infalível sentia falta do aspecto divino-transcendente na consumação do castigo. Se a derrocada dos amantes nesta existência não pôde ser suficiente — o que garantiria então que eles não triunfassem numa existência superior? Sim, não parece que foi isso que Goethe quis sugerir em suas palavras finais? Por esse motivo F. H. Jacobi[19] chamou o romance de "uma ascensão aos céus do prazer maligno". No seu *Kirchenzeitung* evangélico, Hengstenberg publicou, ainda um ano antes da morte de Goethe, provavelmente a mais ampla de todas as críticas. Sua sensibilidade aguçada, à qual não vem em auxílio nenhum tipo de *esprit*, ofereceu um modelo de polêmica maliciosa. Tudo isso, porém, não é nada perto de Werner.

---

la, suscetível de enfermidades morais que devem ser curadas se possível, e pelas quais se deve morrer se não for possível curá-las". (N. da T.)

[19] Friedrich Heinrich Jacobi (1743-1819): escritor e filósofo ao qual o jovem Goethe esteve ligado por intensa amizade, constituída principalmente a partir de estudos e discussões sobre a filosofia de Spinoza. Em 1775 houve um primeiro estremecimento na amizade, causado pelas novas concepções religiosas e metafísicas de Jacobi, e desde então a relação se desenvolveu, até a morte deste, de maneira tensa, com rupturas e reatamentos. O "Supernaturalista" que aparece no "Sonho da Noite de Valpúrgis" do *Fausto I* (vv. 4.355-8) alude provavelmente a Jacobi. (N. da E.)

Zacharias Werner,[20] a quem no momento de sua conversão não podia faltar de maneira alguma o senso para as obscuras tendências rituais desse decurso narrativo, enviou a Goethe — juntamente com a notícia dessa conversão — o seu soneto "As afinidades eletivas", uma prosa em carta e soneto a que nem mesmo o Expressionismo, cem anos mais tarde, teria algo igualmente bem-sucedido para colocar ao lado. Goethe demorou algum tempo para perceber no que havia se envolvido, e deixou que esse memorável escrito encerrasse a correspondência entre eles. O soneto que acompanha a carta de Werner diz:

"As afinidades eletivas

Ao largo de túmulos e lápides sepulcrais,
Que belos e disfarçados esperam a presa certa,
Coleia o caminho para o Jardim do Éden,
Onde se enlaçam Jordão e Aqueronte.

Construída sobre areia movediça, alteada se mostra
Jerusalém; apenas as terrivelmente ternas
Ninfas do mar, que já aguardaram seis mil anos,
Anseiam purificar-se no lago mediante sacrifício.

Lá vem uma criança em sua santa insolência,
O anjo da salvação carrega-o, o filho dos pecados,
O lago tudo engole! Aí de nós! — Era troça!

---

[20] Friedrich Ludwig Zacharias Werner (1768-1823), dramaturgo e poeta lírico do Romantismo alemão. Goethe incomodava-se com a religiosidade, em suas palavras, "enviezada" de Werner e com o seu obscuro e místico cristianismo. A ruptura definitiva foi ocasionada pelo soneto comentado por Benjamin, acompanhado pela carta a Goethe em que Werner narrava sua conversão ao catolicismo em Roma, a qual compara com o martírio de Ottilie nas *Afinidades eletivas*. (N. da E.)

Será que Hélios quer incendiar a Terra?
Arde apenas para envolvê-la com amor!
Podes amar o semideus, coração trêmulo!"[21]

Justamente a partir de tal elogio e censura, extravagantes e indignos, uma coisa parece aclarar-se: para os contemporâneos de Goethe o conteúdo mítico da obra estava presente não por intermédio da compreensão, mas sim do sentimento. Hoje em dia é diferente, já que a tradição centenária completou sua obra e praticamente enterrou a possibilidade de uma compreensão primordial. Se hoje uma obra de Goethe parece estranha ou hostil ao seu leitor, rapidamente um silêncio comedido apoderar-se-á dele e sufocará a verdadeira impressão. — Com uma alegria não dissimulada, Goethe saudou os dois que se manifestaram, mesmo que fracamente, contra um tal juízo. Solger era um deles; o outro, Abeken. No que diz respeito às palavras bem-intencionadas deste último, Goethe não sossegou até dar-lhes uma forma de crítica, onde aparecessem com maior visibilidade. Pois nelas encontrou enfatizado aquilo que é o humano, aquilo que a obra literária de forma tão planejada coloca em evidência. A

---

[21] No original: "*DIE WAHLVERWANDTSCHAFTEN*

Vorbei an Gräbern und an Leichensteinen/ Die schön vermummt die sichre Beut' erwarten/ Hin schlängelt sich der Weg nach Edens Garten/ Wo Jordan sich und Acheron vereinen.//

Erbaut auf Triebsand will getürmt erscheinen/ Jerusalem; allein die grässlich zarten/ Meernixe, die sechstausend Jahr schon harrten,/ Lechzen im See, durch Opfer sich zu reinen.//

Da kommt ein heilig freches Kind gegangen,/ Des Heiles Engel trägts, den Sohn der Sünden/ Der See schlingt alles! Weh uns! — Es war Scherz!//

Will Helios die Erde denn entzünden?/ Er glüht ja nur sie liebend zu umfangen!/ Du darfst den Halbgott lieben, zitternd Herz!". (N. da T.)

ninguém esse elemento parece ter turvado mais a visão do conteúdo fundamental do que a Wilhelm von Humbolt: "Destino e necessidade interna são as coisas de que mais sinto falta ali", julga Humboldt de forma bastante estranha.

Goethe tinha dois motivos para não acompanhar a disputa de opiniões em silêncio. Por um lado, tinha de defender sua obra. Por outro lado, tinha de preservar o seu segredo. Juntos, ambos os motivos serviam para dar à sua explicação um caráter bem diferente daquele da interpretação. Sua explicação possui um traço apologético e um mistificador, os quais se unem perfeitamente em sua parte principal. Poder-se-ia denominá-la a fábula da renúncia. Nela Goethe encontrou o apoio necessário para interditar à compreensão de sua obra um acesso mais profundo. Ao mesmo tempo, ela também foi utilizada como réplica a mais de um ataque filisteu. Assim Goethe comunicou-a na conversa, transmitida por Riemer, que determinou a partir de então a imagem tradicional do romance. Diz ele ali: a luta do ético contra a atração foi "deslocada para trás da cena, e pode-se ver que essa luta deve ter acontecido anteriormente. Os homens comportam-se como pessoas distintas que, apesar de todo o dilema interior, afirmam o decoro exterior. — A luta do ético jamais é apropriada para uma representação estética. Pois ou vence o ético ou ele é derrotado. No primeiro caso, não se sabe o que foi representado e por quê; no segundo, é vergonhoso assistir a tal representação, pois, ao final, em algum momento deve-se dar ao sensual prioridade sobre o que é ético; e justamente esse momento é o que o espectador não admite, exigindo, isso sim, um momento ainda mais contundente, o qual um terceiro irá, quanto mais ético ele for, eludir sempre de novo. — Em tais representações o sensual deve ser sempre soberano; castigado, porém, pelo destino, quer dizer, castigado pela natureza ética, que salva sua liberdade através da morte. — É assim que Werther se vê obrigado a matar-se, uma vez que deixou o sensual apoderar-se de si. É assim que Ottilie se vê obrigada a abster-se, e o mesmo se dá com Eduard, uma vez que deram rédeas largas à sua inclinação. Só então o ético comemora o seu triunfo". Goethe gostava de insistir nessas formulações ambíguas, como aliás em todo draconismo que adorava enfatizar em conversas do gênero, uma vez que, para o crime contra o direito na violação do casamento, para a culpabilidade mítica, sua expiação estava plenamente concedida com a derrocada dos heróis. Só que isso, na verdade, não era expiação a partir da violação, mas sim redenção a partir da complicação matrimonial. Só que, a despeito de todas aquelas palavras do autor, entre o dever e a atração não se trava luta alguma, nem visível nem oculta. Só que, aqui, o ético jamais vive de modo triunfante, mas vive apenas e tão somente na derrota. Assim, o conteúdo moral dessa obra encontra-se em níveis muito mais profundos do que as palavras de Goethe permitem supor. Seus subterfúgios não são nem possíveis nem necessários. Pois as suas considerações não são apenas insuficientes em sua oposição entre o sensual e o moral, mas obviamente insustentáveis em sua exclusão da luta ética interior como um objeto da representação poética. Do contrário, o que restaria do drama, do próprio romance? Por mais que o conteúdo dessa criação goethiana se deixe apreender moralmente, ela não contém uma *fabula docet* e, na fraca advertência à renúncia, com a qual desde então a crítica empenhada nivela seus abismos e cumes, não é entendida nem de longe. Além disso, já foi assinalada corretamente por Mézières a tendência epicurista que Goethe confere a essa postura. Por isso, a confissão proveniente da *Correspondência com uma criança*[22] acerta muito mais a fundo, e só

---

[22] Bettina von Arnim (1785-1859), filha de Maximiliane von La Roche,

bastante a contragosto a gente se deixa convencer da plausibilidade de que Bettina, de quem esse romance se encontrava em muitos sentidos distante, a tenha inventado. Ali está escrito que Goethe "se impôs a tarefa de reunir nesse destino inventado, como em uma urna funerária, as lágrimas vertidas por causa de tantas oportunidades perdidas". Entretanto, não se denomina como perdido aquilo a que se renunciou. Desse modo, não foi a renúncia, em muitos dos relacionamentos de sua vida, o mais saliente em Goethe, mas sim a omissão. E quando ele reconheceu a irrecuperabilidade do que fora perdido, irrecuperabilidade causada por omissão, somente então a renúncia deve ter-se oferecido a ele, e é apenas a última tentativa de ainda abraçar no sentimento o que fora perdido. Esse fato deve ter sua validade também no caso de Minna Herzlieb.[23]

Querer compreender *As afinidades eletivas* a partir das próprias palavras do autor sobre o assunto é um esforço inútil. Justamente elas estão destinadas a impedir à crítica o acesso. Contudo, a razão principal para isso não é a tendência a se defender contra a estupidez. Pelo contrário, essa tendência reside justamente no esforço para deixar despercebido tudo aquilo que a própria explicação do autor nega. Era necessário manter o segre-

---

amiga de juventude de Goethe, e neta da romancista Sophie von La Roche. Em 1835 publicou o seu livro de recordações *Correspondência de Goethe com uma criança*, que em muitos momentos beira a falsificação. (N. da E.)

[23] Christiane Friederike Wilhelmine Herzlieb (1789-1865), órfã de um teólogo, educada como filha adotiva na casa de um livreiro de Jena, amigo de Goethe. Em 1807, aos 18 anos, causou forte impressão no poeta já quase sexagenário ("mais do que o permitido", como este confessou a sua própria mulher Christiane Vulpius). Goethe dedicou vários sonetos à jovem e, como apontado na crítica, alguns de seus traços teriam entrado na construção da figura de Ottilie. Minna Herzlieb morreu demente numa clínica psiquiátrica. (N. da E.)

do quanto à técnica do romance, por um lado, e quanto ao círculo de motivos, pelo outro lado. O âmbito da técnica poética constitui nas obras o limite entre uma camada superior, que fica exposta, e uma camada mais profunda, oculta. Aquilo que o autor considera conscientemente como sendo sua técnica, aquilo que a princípio também já era reconhecido como tal pela crítica contemporânea, toca por certo nos dados do real no teor material, mas constitui a barreira contra o seu teor de verdade, do qual nem o autor nem a crítica da época podiam estar plenamente conscientes. A técnica — diferentemente da forma — não é definida pelo teor de verdade, mas sim, de forma decisiva, apenas pelos conteúdos factuais, e é assim na técnica que estes se tornam necessariamente perceptíveis. Pois, para o autor, a representação dos conteúdos factuais constitui o enigma cuja solução ele deve procurar na técnica. Assim pôde Goethe, através da técnica, assegurar em sua obra a ênfase sobre os poderes míticos. O significado último que esses poderes possuem deve ter escapado tanto a ele quanto ao espírito da época. Essa técnica, porém, o autor procurou manter como seu segredo artístico. Parece aludir a isso quando diz ter trabalhado o romance segundo uma ideia. Esta pode ser entendida como uma ideia técnica. Do contrário, seria pouco compreensível o adendo que questiona o valor de um tal procedimento. Contudo, é muito compreensível que a infinita sutileza que ocultava no livro a abundância de relações pudesse um dia parecer duvidosa ao poeta. "Espero que o senhor encontre ali a minha velha maneira de trabalhar. Coloquei muitas coisas ali, escondi outras tantas. Que esse mistério evidente também possa proporcionar-lhe prazer." Assim escreve Goethe a Zelter. No mesmo sentido ele insiste na tese de que haveria mais coisas na obra do que "alguém seria capaz de apreender em uma só leitura". A destruição dos rascunhos, no entanto, fala mais alto do que tudo. Pois dificilmente poderia ser uma casualidade que nem sequer um fragmento desses rascunhos tenha sido preservado. Pelo contrário, é evidente que o autor destruiu de forma bem deliberada tudo aquilo que revelasse a técnica inteiramente construtiva da obra. — Se a existência dos conteúdos factuais está de tal maneira oculta, então sua essência esconde a si mesma. Toda significação mítica busca o mistério. Por isso, Goethe pôde dizer com segurança, justamente sobre essa obra, que o que foi imaginado literariamente afirma seu direito tanto quanto aquilo que aconteceu de fato. Com efeito, tal direito deve-se aqui, no sentido sarcástico da frase, não à criação literária, mas sim àquilo que foi criado — à mítica dimensão material da obra. Consciente disso, Goethe pôde, a uma distância inacessível, perseverar não sobre sua obra, mas sim na sua obra, em consonância com as palavras que encerram as formulações críticas de Humboldt: "Mas a ele não se pode dizer algo assim. Ele não possui liberdade sobre suas próprias coisas e emudece quando é censurado no mínimo que seja". Assim enfrenta Goethe, na velhice, toda crítica: como ser olímpico. Não no sentido do *ephiteton ornans* vazio ou da figura de bela aparência que lhe conferem os mais jovens. Esse termo — ele é atribuído a Jean Paul — designa a natureza mítica, obscura, imersa em si mesma, que em rigidez muda é inerente à arte goethiana. Como olímpico, ele assentou o fundamento de sua obra e, com escassas palavras, fechou a sua abóbada.

Na penumbra de sua arte, o olhar encontra aquilo que jaz mais escondido em Goethe. Tornam-se claros esses traços e correlações que não se mostram à luz da observação cotidiana. E, novamente, é apenas por intermédio deles que desaparece cada vez mais a aparência paradoxal da interpretação precedente. Dessa forma, somente aqui desponta uma razão primordial da investigação goethiana da natureza. Esse estudo baseia-se em um duplo sentido, ora ingênuo, ora bem mais ponderado, referente ao conceito de natureza. Porque em Goethe tal conceito designa tanto a esfera dos fenômenos passíveis de percepção como a dos arquétipos passíveis de contemplação. No entanto, Goethe jamais pôde prestar contas de uma síntese das duas. Em vez de valer-se da indagação filosófica, suas investigações procuram em vão provar empiricamente, por meio de experimentos, a identidade de ambas as esferas. Por não ter definido conceitualmente a "verdadeira" natureza, nunca adentrou o centro fecundo de uma concepção que lhe obrigasse a buscar a presença da "verdadeira" natureza enquanto fenômeno primordial em suas manifestações, tal como a pressupunha nas obras artísticas. Solger nota essa correlação que existe em particular exatamente entre *As afinidades eletivas* e a investigação goethiana da natureza; correlação esta também enfatizada pelo autor em seu anúncio do romance. Solger diz: "A *Teoria das cores* surpreendeu-me [...] de certa forma. Sabe Deus como eu não havia formado antes nenhuma expectativa determinada a esse respeito; na maioria das vezes, eu acreditava encontrar ali meros experimentos. Agora é um livro em que a natureza se tornou viva, humana e incontornável. Parece-me que ele também lança um pouco de luz sobre *As afinidades eletivas*". Também cronologicamente a gênese da *Teoria das cores* está próxima da do romance. Além do mais, as investigações de Goethe sobre magnetismo intervêm claramente na própria obra. Esse conhecimento da natureza, com o qual o autor acreditava poder sempre comprovar sua obra, completou sua indiferença perante a crítica. Ela não era necessária. A natureza dos fenômenos primordiais era o parâmetro e, passível de depreensão, a relação de cada obra com ela. Mas, por causa desse duplo sentido no conceito de natureza, com demasiada frequência os fenômenos primordiais, enquanto arquétipo, converteram-se em natureza, enquanto modelo. Essa visão nunca teria se tornado poderosa se Goethe — solucionando o equívoco elaborado pelo pensamento — tivesse descoberto que apenas no âmbito da arte os fenômenos primordiais — enquanto ideais — apresentam-se de forma adequada à contemplação, ao passo que, na ciência, representa-os a ideia que é capaz de iluminar o objeto para a percepção, mas nunca de transformar-se mediante a contemplação. Os fenômenos primordiais não existem diante da arte; eles estão nela. Na realidade, não podem jamais servir de parâmetro. Se já nessa contaminação do âmbito puro e do empírico a natureza sensível parece exigir o mais alto posto, sua face mítica triunfa na manifestação plena de seu ser. Para Goethe é apenas o caos dos símbolos. Pois como tais aparecem nele os fenômenos primordiais, na companhia dos outros fenômenos, como se apresenta tão claramente, no âmbito dos poemas, o livro *Deus e o mundo*.[24] Em nenhuma parte, o autor tentou estabelecer em algum momento uma hierarquia dos fenômenos primordiais. A abundância de suas formas apresenta-se ao seu espírito da mesma maneira como o confuso mundo dos sons se apresenta ao ouvido. É lícito nessa comparação recorrer a uma descrição que o autor oferece desse mundo sonoro, já que ela mesma, como poucas, revela com tanta clareza o espírito com o qual Goethe observa a natureza: "Que se fechem os olhos, abram-se e apurem-se os ouvidos, e da mais leve respiração ao mais selvagem ruído, do mais simples som à mais sublime harmonia, do mais violento grito apaixonado à mais suave palavra da razão, é somente a natureza que fala, revelando sua existência, sua força, sua vida e suas estruturas, de tal modo que um cego, ao qual é vedado o infinitamente visível, pode apreender no audível o infinitamen-

[24] *Gott und die Welt*: sob este título Goethe reuniu, para a edição de suas obras de 1827 (*Ausgabe letzter Hand*), poemas de teor filosófico, que explicitam sua visão de mundo, assim como poemas inspirados em seus estudos científicos, como "A metamorfose das plantas" e "Metamorfose dos animais". (N. da E.)

te vivo". Se, então, no sentido mais extremo mesmo as "palavras da razão" são creditadas à natureza, não é de se admirar que para Goethe o pensamento jamais tenha aclarado por inteiro o reino dos fenômenos primordiais. Desse modo, porém, ele privou-se da possibilidade de estabelecer limites. De forma indiferenciada, a existência sucumbe ao conceito de natureza que cresce monstruosamente, como ensina o fragmento de 1780.[25] E, mesmo em idade avançada, Goethe declarou-se a favor das formulações desse fragmento intitulado "A natureza". Seu desfecho enuncia: "Ela me colocou aqui, também ela vai me tirar daqui. Confio-me a ela. Ela pode dispor de mim à vontade; ela não odiará sua obra. Não fui eu que falei dela; não, o que é verdadeiro e o que é falso — tudo isso foi ela que falou. Tudo é culpa sua, tudo é mérito seu". Nesta visão de mundo encontra-se o caos. Pois ali desemboca por fim a vida do mito que, sem mestre nem limitações, instaura a si mesma como o único poder no âmbito daquilo que existe.

A rejeição a toda crítica e a idolatria da natureza são as formas de vida míticas na existência do artista. Que elas tenham adquirido em Goethe a mais elevada intensidade, isto se pode ver sinalizado no nome olímpico. Ele caracteriza ao mesmo tempo a luz na essência mítica. Mas a esta corresponde uma obscuridade que anuviou pesadamente a existência do homem. Podem-se

[25] O "fragmento" a que se refere Benjamin foi publicado anonimamente em 1782 no *Tiefurter Journal* de Weimar. Quase cinquenta anos mais tarde, quando o chanceler von Müller, amigo íntimo de Goethe, mostrou-lhe o fragmento, este reconheceu as suas concepções de então sobre a natureza e considerou-o um texto de sua própria autoria. Goethe havia se esquecido que em março de 1783 escrevera ao seu amigo Carl Ludwig von Knebel que o fragmento "A natureza" fora redigido pelo teólogo suíço G. C. Tobler, mas que as concepções nele expressas haviam se originado de discussões conjuntas. (N. da E.)

reconhecer traços disso na autobiografia *Poesia e verdade*. Mesmo assim, muito pouco disso penetrou nas confissões de Goethe. Apenas o conceito de "demoníaco" assoma, como um monólito em estado bruto, nessa planície. Com ele Goethe introduz o último segmento de sua obra autobiográfica: "No decorrer deste relato biográfico viu-se detalhadamente como a criança, o rapaz, o jovem procuraram por diferentes caminhos aproximar-se do transcendente; primeiro, olhando com simpatia para uma religião natural, depois aderindo com amor a uma positiva; mais adiante, concentrando-se em si mesmo, colocou à prova suas próprias forças e finalmente entregou-se com alegria à crença universal. Enquanto ele, de quando em quando, vagava por entre os espaços intermediários dessas regiões, procurando, olhando ao redor, vieram a seu encontro muitas coisas que não pareciam pertencer a nenhuma dessas regiões, e ele, cada vez mais, convenceu-se de que seria melhor afastar seu pensamento do monstruoso e do inapreensível. — Ele acreditou descobrir na natureza, na viva e na morta, na animada e na inanimada, algo que só se manifestava em contradições e que, por isso, não poderia ser apreendido sob nenhum conceito, muito menos sob uma palavra. Não era divino, pois não parecia racional; não era humano, pois não possuía entendimento; nem diabólico, pois era benévolo; nem angelical, pois com frequência deixava transparecer malícia. Assemelhava-se ao acaso, pois não mostrava consequências; parecia-se com a Providência, pois não denotava congruência. Tudo o que nos limita parecia ser-lhe penetrável; parecia dispor arbitrariamente dos elementos necessários de nossa existência; contraía o tempo e expandia o espaço. Parecia se comprazer somente no impossível e com desprezo parecia afastar de si o possível. — A este ser que parecia se interpor entre todos os demais, que parecia segregá-los e vinculá-los, dei o nome de demoníaco, segundo o exemplo dos antigos e daqueles que haviam percebido algo semelhante. Procurei salvar-me desse ser terrível". É quase desnecessário assinalar que nestas palavras, depois de mais de trinta e cinco anos, manifesta-se a mesma experiência sobre a ambiguidade incompreensível da natureza, como no famoso fragmento. A ideia do demoníaco, que se encontra no encerramento da citação de Egmont[26] em *Poesia e verdade* e no início da primeira estrofe de "Palavras primordiais órficas",[27] acompanha a visão de mundo de Goethe ao longo de toda a sua vida. É ela que aparece na ideia de destino nas *Afinidades eletivas*; e se ainda fosse necessária uma mediação entre ambas, então também ela, que há milênios vem fechando o círculo, não falta em Goethe. As "palavras órficas" apontam de forma palpável, as memórias de vida apontam de forma alusiva para a astrologia como o cânone do pensamento mítico. *Poesia e verdade* se fecha com a referência ao demoníaco e se abre com a referência à astrologia. E essa vida não parece privar-se inteiramente das considerações astrológicas. O horóscopo de Goethe, apresentado meio de brincadeira e meio a sério em *Crença e interpretação astrais* de Boll, indica de sua parte o turvamento dessa existência.

---

[26] O trecho sobre o "demoníaco", citado por Benjamin, encontra-se no último capítulo da autobiografia *Poesia e verdade* (parte IV, cap. 20), após o relato sobre o seu trabalho no drama em cinco atos *Egmont*, iniciado em 1775 e concluído apenas em 1787. O herói do drama é o conde de Egmont (1522-1568), líder do movimento de libertação dos Países Baixos contra o domínio espanhol. Foi decapitado publicamente na praça central de Bruxelas. (N. da E.)

[27] *Urworte. Orphisch*: ciclo de cinco oitavas escritas nos dias 7 e 8 de outubro de 1817. A redação dos poemas foi ensejada por uma controvérsia contemporânea sobre a mitologia primordial e remonta a "palavras sagradas" (*hieroi logoi*, que Goethe traduz como "palavras primordiais") apresentadas na literatura órfica — conceitos não-personificados para as potências que regem a vida humana: *Daimon*, *Tyche* (acaso), *Eros*, *Ananke* (necessidade) e *Elpis* (esperança). (N. da E.)

"Também que o ascendente siga de perto Saturno e que se localize assim no nefasto Escorpião, isso joga algumas sombras sobre tal vida; esse signo considerado 'enigmático', em conjunção com a natureza oculta de Saturno, irá causar, em idade avançada, pelo menos uma certa reserva; mas também" — e isto antecipa o que se segue — "como um ser zodiacal que se arrasta pela terra e no qual se encontra o 'planeta telúrico' Saturno, irá causar esse forte caráter mundano que, 'com sensual enleio e órgãos de ferro', se agarra à Terra".[28]

"Procurei salvar-me desse ser terrível." O contato com as forças demoníacas, a humanidade mítica o adquire ao preço do medo. Em Goethe, esse medo exprimiu-se com frequência de maneira inconfundível. Suas manifestações devem ser transpostas do isolamento anedótico, no qual os biógrafos quase relutantes as concebem, para a luz de uma consideração que sem dúvida mostra de forma espantosamente clara a força dos poderes arcaicos na vida desse homem que, entretanto, sem ela não teria se tornado o maior poeta de sua nação. O medo da morte, que inclui todos os outros medos, é o que fala mais alto. Pois principalmente a morte ameaça a *panarquia* amorfa da vida natural que constitui o domínio do mito. A aversão do poeta à morte e a tudo que se refere a ela exibe inteiramente os traços da mais extrema superstição. É fato conhecido que, em sua presença, jamais alguém podia falar sobre casos de morte; é menos conhecido que ele nunca se aproximou do leito de morte de sua mu-

---

[28] O trecho de Franz Boll (*Crença nas estrelas e interpretação das estrelas*, 1918) reproduzido por Benjamin encerra palavras pronunciadas por Fausto em seu diálogo com Wagner na cena "Diante da porta da cidade": "Vivem-me duas almas, ah! no seio,/ Querem trilhar em tudo opostas sendas;/ Uma se agarra, com sensual enleio/ E órgãos de ferro, ao mundo e à matéria" (*Fausto I*, versos 1.112-5, tradução de Jenny Klabin Segall, São Paulo, Editora 34, 2004). (N. da E.)

lher. Suas cartas manifestam a mesma atitude diante da morte do próprio filho. Nada mais significativo do que aquele escrito no qual notifica a Zelter a perda e sua formulação final verdadeiramente demoníaca: "E assim, passando por cima de túmulos, avante!". Nesse sentido, impõe-se a verdade das palavras que foram atribuídas a Goethe em seu leito de morte.[29] Nelas, a vitalidade mítica opõe pela última vez o seu impotente desejo de luz à escuridão que se aproxima. Também está arraigado nessa atitude o inaudito culto a si mesmo nas últimas décadas de sua vida. *Poesia e verdade*, *Os diários e anais*, a edição da correspondência com Schiller, a preocupação em relação à correspondência com Zelter, são muitos dos esforços para frustrar a morte. Em tudo o que ele diz sobre a sobrevivência da alma, fala ainda mais alto e claro o receio pagão que, em vez de abrigar a imortalidade como esperança, exige-a como garantia. Assim como a própria ideia da imortalidade do mito é caracterizada como um "não-poder-morrer", também no pensamento de Goethe ela não é ascensão da alma para o reino pátrio, mas sim uma fuga do ilimitado para o ilimitado. Sobretudo a conversa depois da morte de Wieland, transmitida por Falk, supõe que a imortalidade seja um fenômeno natural e também, como que enfatizando o inumano nela contido, atribuível apenas aos grandes espíritos.

Nenhum sentimento é mais rico em variantes do que o medo. Ao medo da morte se associa o medo da vida, do mesmo modo que a um som fundamental se unem seus inúmeros harmônicos. A tradição também negligencia e deixa passar em si-

---

[29] Benjamin alude às palavras *Mehr Licht!* ("Mais luz!"), que teriam sido pronunciadas por Goethe imediatamente antes da morte. Já a exortação a seguir adiante, "por cima de túmulos", encontra-se na carta em que Goethe comunica ao seu amigo Carl Friedrich Zelter (1758-1832) a morte, em Roma, de seu filho August (1789-1830). (N. da E.)

lêncio o jogo barroco do medo diante da vida. O seu interesse é canonizar Goethe, estando com isso muito longe de perceber a luta das formas de vida que ele trazia em si. Goethe escondeu-a demasiado fundo dentro de si mesmo. Isso explica a solidão em sua vida e o seu mutismo, ora doloroso, ora obstinado. Em seu escrito *Sobre a correspondência de Goethe*, Gervinus mostrou, descrevendo a primeira época de Weimar, quão rápido essa atitude se manifesta. Gervinus foi o primeiro entre todos a voltar a atenção, com a máxima segurança, para esse fenômeno na vida de Goethe; talvez tenha sido o único a intuir o seu significado, ainda que tenha julgado de forma errônea o seu valor. Assim não lhe escaparam o silencioso "estar-imerso-em-si-mesmo" dos últimos tempos nem o seu interesse, exacerbado até o paradoxo, pelos conteúdos factuais da própria vida. Em ambos, porém, o que prevalece é o medo da vida: o medo perante o poder da vida e de sua amplitude, motivado pela reflexão; o medo de que a vida possa fugir do controle. Em seu escrito, Gervinus determina o ponto decisivo que separa a produção do velho Goethe da dos períodos anteriores, localizando-o no ano de 1797, na época do projeto da viagem à Itália. Em uma carta do mesmo período endereçada a Schiller, Goethe trata de assuntos que, sem serem "inteiramente poéticos", teriam despertado nele uma certa disposição poética. Ele diz: "Por isso, observei atentamente objetos que ressaltam um tal efeito e constatei, para minha surpresa, que eles são em verdade simbólicos". O simbólico, entretanto, é aquilo em cujo âmbito surge a união indissolúvel e necessária de um teor de verdade com um teor material. Assim diz na mesma carta: "se no futuro, à medida que avança a viagem, a atenção for dirigida não somente àquilo que é digno de nota, mas também àquilo que é significativo, então ao final dever-se-á obter para si e para os demais uma boa colheita. Eu ainda quero tentar captar aqui tudo o que posso de simbólico, mas quero fazê-lo especialmente em outros lugares que estou vendo pela primeira vez. Se essa tentativa for bem-sucedida, então — sem querer prosseguir com a experiência em larga escala, mas aprofundando-se em cada lugar, a cada momento, enquanto isso lhe for concedido — dever-se-á obter despojos suficientes de países e regiões conhecidos". "Pode-se dizer realmente" — acrescenta Gervinus — "que esse é o caso, quase sem exceção, na produção poética tardia de Goethe e que nela o autor mede experiências que outrora havia apresentado em sua amplitude sensorial, como o exige a arte, segundo uma certa profundidade espiritual, embora muitas vezes tenha se perdido e caído no abismo. Schiller percebe com agudeza essa nova experiência tão misteriosamente velada [...] parece ser o caso de Goethe uma exigência poética sem uma disposição poética e sem objeto poético. De fato, se o objeto tem significado para ele, o que importa aqui é muito menos o objeto do que o estado de alma." (E nada é mais característico do Classicismo do que essa aspiração de apreender e relativizar o símbolo em uma mesma frase.) "Seria o estado de alma que estabelece aqui o limite; e o autor pode, também aqui como em qualquer lugar, encontrar o banal e o engenhoso somente no tratamento do tema e não na sua escolha. O que aqueles dois lugares significavam para ele, pensa o poeta, teriam lhe significado em um estado de espírito exaltado qualquer rua, qualquer ponte, etc. Se Schiller tivesse podido prever as consequências práticas dessa nova maneira de considerar as coisas em Goethe, dificilmente tê-lo-ia encorajado a se entregar completamente a ela, já que através de uma tal visão dos objetos seria colocado no pormenor um mundo inteiro [...] Pois, assim, a consequência imediata é que Goethe logo começa a acumular em sua bagagem pastas de arquivo, onde guarda papéis oficiais, jornais, semanários, trechos de sermões, programas de teatro, decretos, tabelas monetárias, etc., acrescentando suas observações, comparando-

-as com as da voz da sociedade e de acordo com esta retificando sua própria opinião, arquivando mais uma vez os novos ensinamentos, esperando deste modo obter material para um futuro aproveitamento! Isto já antecipa inteiramente a importância considerável — alcançando mais tarde dimensões completamente ridículas — com que ele ocupa a maior parte dos diários e anotações, e através da qual observa a coisa mais reles com ares patéticos de sabedoria. Desde então cada medalha que lhe presenteiam e cada pedra de granito que ele presenteia tornam-se para ele objetos da mais alta importância; e quando perfura sal de gema, que Frederico, o Grande, apesar de todas as suas prescrições, não havia podido encontrar, vê nisso sei lá que tipo de milagre e envia uma pitada simbólica ao seu amigo Zelter em Berlim. Não há nada que caracterize melhor essa sua disposição mental na velhice (que sua idade avançada cultivava cada vez mais) do que o fato de que ele converte em princípio de vida contradizer com zelo o velho *nil admirari*. Antes, admirar tudo, achar tudo 'significativo, maravilhoso, incalculável'!" Nessa postura, que Gervinus descreve de forma insuperável, sem exagero, há certamente uma parcela de admiração, mas também de medo. O homem petrifica-se no caos dos símbolos e perde a liberdade que os antigos desconheciam. Ao agir, submete-se a sinais e oráculos. Estes não faltaram na vida de Goethe. Um desses sinais apontou o caminho em direção a Weimar. Sim, em *Poesia e verdade* ele narra como, durante uma caminhada, dividido entre a vocação para a poesia ou para a pintura, utilizou um oráculo. O medo diante da responsabilidade é o mais espiritual entre todos aqueles a que Goethe, por sua natureza, estava sujeito. Esse medo é um dos fundamentos da mentalidade conservadora com que ele confronta a esfera política, social e, na velhice, certamente também a esfera literária. O medo é a raiz das omissões em sua vida erótica. É certo que ele também determinou a sua exegese das *Afinidades eletivas.* Pois justamente essa criação literária lança luz sobre tais fundamentos de sua própria vida, os quais, já que as suas confissões não os revelam, permaneceram ocultos também para uma crítica que ainda não se libertou do fascínio de tais confissões. Essa consciência mítica, porém, não deve ser abordada com a fórmula trivial sob a qual com frequência se comprazia em reconhecer a dimensão trágica na vida do olímpico. O trágico só está presente na existência da personagem dramática, isto é, daquela que representa, jamais na de um ser humano. Muito menos ainda na existência quietista de um Goethe, na qual mal se encontram momentos que se representam dramaticamente. Desse modo, fica valendo também para essa vida, como para toda vida humana, não a liberdade do herói trágico na morte, mas sim a redenção na vida eterna.

II

> "Como, pois, em torno da claridade acumulados estão
> Os cumes do tempo,
> E perto moram os queridos, extenuando-se nas
> Montanhas mais apartadas,
> Dá-nos, então, água inocente,
> Ó, dá-nos asas, de ânimo o mais fiel
> Para atravessarmos e retornarmos."
>
> Hölderlin[30]

Se toda obra, tal como acontece com *As afinidades eletivas*, pode elucidar a vida do autor e o seu ser, então a maneira usual

[30] Versos extraídos do hino "Patmos" (referência à ilha no mar Egeu em que

de considerar essa correlação perde-a tanto mais de vista quanto mais acredita ater-se a ela. Pois se raramente a edição de um clássico deixa de enfatizar em sua introdução que justamente o seu conteúdo, como poucos outros, pode ser compreendido única e exclusivamente a partir da vida do autor, então esse julgamento já contém no fundo o *proton pseudos*[31] do método que, no clichê da imagem do seu ser e na vivência vazia ou inapreensível, procura representar o devir da obra dentro do próprio poeta. Esse *proton pseudos* em quase toda filologia mais recente, isto é, naquela filologia que ainda não se define mediante a investigação da palavra e dos fatos, consiste, se não em derivar a obra literária como produto da essência e da vida do autor, então pelo menos em torná-la mais acessível à compreensão ociosa. Na medida, contudo, em que é incontestavelmente indicado erigir o conhecimento sobre a base daquilo que é seguro e verificável, a obra deve estar absolutamente em primeiro plano sempre que o olhar perceptivo se dirige ao conteúdo e à essência. Pois em parte alguma esse conteúdo e essa essência evidenciam-se de forma mais durável, mais marcante e mais apreensível do que na obra. O fato de que mesmo aqui eles ainda pareçam bastante difíceis e, para muitas pessoas, de acesso impossível, isso pode ser uma razão suficiente para que estas fundamentem o estudo da história da arte na pesquisa concernente à pessoa do autor e às suas rela-

o apóstolo João teria redigido o *Apocalipse*). No original, os versos dizem: "*Drum, da gehäuft sind rings/ Die Gipfel der Zeit, und die Liebsten/ Nah wohnen, ermattend auf/ Getrenntesten Bergen,/ So gib unschuldig Wasser,/ O Fittige gib uns, treuesten Sinns/ Hinüberzugehn und wiederzukehren*". (N. da E.)

[31] No original, Benjamin emprega o termo em alfabeto grego. Oriunda de Aristóteles, a locução *proton pseudos* designa o que se considera o erro primordial, do qual decorrem todas as demais consequências que se julgam falsas em uma doutrina. (N. da E.)

ções, em vez de se basearem no exame acurado da obra; no entanto, isso não pode induzir aquele que investiga a dar-lhes crédito, muito menos a seguir seu exemplo. Pelo contrário, este terá em mente que a única correlação racional entre criador e obra está no testemunho que esta presta sobre o criador. Não se tem conhecimento do ser de um homem apenas por intermédio de suas manifestações, às quais nesse sentido também pertencem as obras — pelo contrário, ele é determinado, antes de qualquer outra coisa, por aquelas manifestações. As obras são tão pouco deriváveis como os atos, e toda consideração que admite para si, em termos gerais, esse princípio, para contrariá-lo depois em termos específicos, perdeu a reivindicação de atingir o conteúdo.

O que escapa à exposição banal não é somente o conhecimento do valor e do caráter das obras, mas também, na mesma medida, o conhecimento da essência e da vida de seu autor. A princípio todo conhecimento da essência do autor segundo sua totalidade, sua "natureza", frustra-se através da interpretação negligente das obras. Pois se esta também não é capaz de fornecer uma visão conclusiva e completa da essência do autor, que por várias razões é de fato sempre impensável, a essência permanece totalmente imperscrutável quando se prescinde da obra. Entretanto, mesmo o acesso à vida do criador fecha-se para o método biográfico tradicional. Clareza sobre a relação teórica entre essência e obra é a condição fundamental para qualquer observação a respeito de sua vida. Até hoje se fez tão pouco nesse sentido que, no geral, os conceitos psicológicos são considerados como os seus melhores meios de investigação, ao passo que aqui, como em nenhum outro lugar, deve-se renunciar a toda intuição da verdadeira correlação material[32] enquanto tais termos per-

[32] A expressão "correlação material" corresponde, no original, a *Sachverhalt*

manecerem em voga. Contudo, pode-se afirmar que a primazia do que é biográfico na imagem que se faz da vida de um criador, isto é, a representação da vida como a de uma vida humana, com ênfase dupla no que é decisivo e no que é humanamente impossível de se decidir quanto à moralidade — essa primazia só terá lugar onde o conhecimento a respeito da inescrutabilidade da origem excluir do sentido último da vida do criador cada uma de suas obras, delimitando-as segundo seu valor assim como segundo seu conteúdo. Pois mesmo se a grande obra não se constitui a partir da existência comum, se é inclusive a garantia da pureza dessa existência, no final das contas ela é ainda apenas um de seus vários elementos. E só de forma muito fragmentária ela pode elucidar a vida de um artista, e isso mais em seu desenvolvimento do que em seu conteúdo. A total incerteza quanto à importância que a obra possa ter na vida de um ser humano fez com que certos tipos de conteúdo fossem atribuídos à vida de seus criadores, tipos de conteúdo reservados a ela e justificados somente nela. Uma tal vida não deve apenas encontrar-se emancipada das máximas morais; deve, muito mais, tomar parte de uma legitimidade superior e estar aberta com mais clareza ao conhecimento. Não é de se admirar que, para tal consideração, todo autêntico conteúdo de vida, da forma como sempre desponta nas obras, pese muito pouco. Talvez essa forma de consideração nunca tenha se mostrado com tamanha clareza como em relação a Goethe.

Nessa concepção de que a vida dos criadores dispõe de conteúdos autônomos, o hábito trivial de pensar coincide com um hábito muito mais profundo de modo tão exato que seria per-

---

— "toda intuição da verdadeira correlação material": "*Jede Ahnung wahren Sachverhalts*". (N. da E.)

mitido supor que o primeiro seja apenas uma deformação deste último (e primordial), o qual voltou recentemente a despontar. Se, de fato, para a concepção tradicional, obra, essência e vida se misturam de forma igualmente indeterminada, tal concepção atribui explicitamente unidade a estas três. Ela constrói com isso a figura do herói mítico. Pois, no âmbito do mito, essência, obra e vida formam de fato essa unidade que, por outro lado, só lhes é atribuída no sentido de um literato laxo. No âmbito mencionado, a essência é *Daimon*, a vida é destino e a obra, que configura nada além da essência e da vida, é forma viva. Ali, a obra traz em si simultaneamente o fundamento da essência e o conteúdo da vida. A forma canônica da vida mítica é exatamente a do herói. Nessa vida mítica, o pragmático é ao mesmo tempo simbólico; em outras palavras, apenas nela a forma simbólica e, com ela, o conteúdo simbólico da vida humana estão dados igualmente à compreensão de modo adequado. No entanto, essa vida humana é na verdade a vida sobre-humana e, por isso, não apenas na existência da forma, mas de modo ainda mais decisivo na essência do conteúdo, ela diferencia-se da vida propriamente humana. Pois, na medida em que a oculta dimensão simbólica desta última se baseia necessariamente no aspecto individual assim como no aspecto humano do ser vivo, a dimensão simbólica que se encontra manifesta na vida do herói não atinge nem a esfera da particularidade individual nem aquela da singularidade moral. O que distingue o herói do indivíduo é o tipo, a norma, mesmo que sobre-humana; o que o distingue da singularidade moral da responsabilidade é o seu papel de representante. Pois ele não está sozinho diante de seu Deus, ele é o representante da humanidade diante dos deuses desta. No âmbito moral, toda representação é de natureza mítica, desde o patriótico "um por todos" até a morte sacrifical do redentor. — Tipicidade e representação na vida do herói culminam no conceito de sua tarefa. Cuja presença e dimensão simbólica evidente distinguem a vida sobre-humana da vida humana. Ela caracteriza Orfeu, que desce até o Hades, não menos do que caracteriza o Hércules das doze tarefas: caracteriza o rapsodo mítico tanto quanto o herói mítico. Para essa dimensão simbólica conflui uma das mais poderosas fontes do mito astral: o herói, no tipo sobre-humano do redentor, representa a humanidade por intermédio de sua obra no céu estelar. Valem para o herói as primordiais palavras órficas: não é o seu *Daimon* solar, nem sua *Tyche*, tão mutável quanto a lua, nem seu destino, tão inexorável quanto a *Ananke* astral, nem mesmo *Eros* — apenas *Elpis* tem aqui poder de extrapolá-los a todos.[33] Não é, portanto, por acaso que o poeta tenha se deparado com *Elpis* quando procurava algo próximo ao humano nas outras palavras e que, entre todas, só a ela, *Elpis*, considerou dispensada da necessidade de qualquer explicação — mas também não é por acaso que não ela, mas sim o cânone rígido das outras quatro palavras tenha fornecido o esquema para o *Goethe* de Gundolf.[34] De acordo com isso, a

---

[33] Ver nota 27 sobre as "palavras primordiais" (*Urworte*). (N. da E.)

[34] Friedrich Gundolf (1880-1931): nome proeminente entre os literatos que se reuniram em torno de Stefan George. Em 1911 Gundolf publica, em parceria com Friedrich Wolters, o *Jahrbuch für geistige Bewegung* [Anuário para o movimento espiritual], com a finalidade de propagar as concepções do círculo de George. Escreveu estudos sobre grandes nomes da literatura (Shakespeare, Hölderlin, Heinrich von Kleist etc.), orientando-se por um método baseado na filosofia de vida. Seu estudo sobre Goethe, veementemente criticado por Walter Benjamin, foi publicado em 1916. Gundolf foi figura de proa durante a República de Weimar (em 1930, o seu *Goethe* já alcançava a 13ª edição), e é relatado que Joseph Goebbels quis doutorar-se sob sua orientação; no entanto, durante o nacional-socialismo os seus livros foram proibidos. (N. da E.)

questão metodológica em relação ao estudo biográfico é menos doutrinária do que essa sua dedução permitiria supor. Pois no livro de Gundolf empreendeu-se a tentativa de representar a vida de Goethe como vida mítica. E essa concepção exige atenção não apenas porque o mítico vive na existência goethiana; ela exige mais do que o dobro de atenção na consideração de uma obra à qual se poderia recorrer por causa de seus momentos míticos. Se tal concepção consegue confirmar essa aspiração, isto significa que seria impossível expor a camada na qual reina de forma autônoma o sentido daquele romance. Onde não seja possível comprovar a existência de tal domínio à parte, não se pode falar de literatura, mas sim de seu precursor, a escritura mágica. Por isso, toda consideração minuciosa de uma obra goethiana, mas especialmente das *Afinidades eletivas*, depende da contestação dessa tentativa. Com isso está indicado ao mesmo tempo o acesso a um núcleo luminoso do teor de redenção, o qual por toda parte — e, assim, também no que diz respeito às *Afinidades eletivas* — escapou àquele posicionamento.

O cânone que corresponde à vida do semideus aparece deslocado de forma peculiar na concepção que a escola de Stefan George proclama sobre o poeta. Tal qual a um herói, ela lhe atribui sua obra como uma tarefa, contemplando desse modo o seu mandato como divino. O ser humano, entretanto, recebe de Deus não tarefas, mas apenas exigências; e, por isso, perante Deus não se pode atribuir à vida do poeta um valor especial. Além disso, também do ponto de vista do poeta, o conceito de tarefa é inapropriado. A obra literária, no sentido próprio do termo, surge somente quando a palavra se libera do encantamento que parte também da maior das tarefas. Tal literatura não descende de Deus, mas ascende do inescrutável da alma; ela toma parte no mais profundo e próprio do ser humano. Já que, para o círculo de George, a missão da literatura parece advir diretamente de Deus, concede-se ao poeta não apenas posição invulnerável, ainda que relativa, em meio ao seu povo, como também uma supremacia absolutamente problemática enquanto mero ser humano e, com isso, concede-se também uma supremacia problemática à sua vida diante de Deus, a cuja altura o poeta, enquanto super-homem, parece estar. O poeta, contudo, é uma manifestação da essência humana mais provisória do que a do santo, não em sua gradação, mas sim em sua espécie. Pois na essência do poeta define-se uma relação do indivíduo com a comunidade do povo; na do santo, define-se a relação do homem com Deus.

Junto à visão heroicizante do poeta encontra-se, nas considerações desse círculo que fundamentam o livro de Gundolf, de maneira altamente confusa e fatal, um segundo erro — não menos relevante — proveniente do abismo da irrefletida confusão terminológica. Mesmo que o estatuto de poeta enquanto criador não pertença a esse círculo, de certo modo ele já sucumbiu a esse erro em todo espírito que não perceba nas palavras daquele título o tom metafórico, a lembrança do verdadeiro criador. E, de fato, o artista é menos a causa primordial, ou o criador, do que a origem ou o configurador; com certeza, sua obra não é, de modo algum, sua criatura, mas sim sua configuração. É certo que também a configuração, e não apenas a criatura, tem vida. O que, porém, fundamenta a diferença determinante entre ambas é que somente a vida da criatura, e nunca a do configurado, participa — uma participação irrestrita — da intenção de redenção. Assim, por mais que o discurso metafórico fale do poder criador do artista, a criação consegue desdobrar sua virtude mais inerente, isto é, a da causa, não através de suas obras, mas sim única e exclusivamente através das criaturas. Por isso, todo uso irrefletido da linguagem que se deleita com a palavra "criador" leva por si só a considerar, em relação ao artista, não suas obras, mas sim a vida como seu produto mais característico. Mas, enquanto na vida do herói a estrutura inteiramente articulada, cuja forma é a luta, representa a si mesma em virtude de sua completa transparência simbólica, na vida do poeta não apenas não se encontra uma tarefa inequívoca como em qualquer vida humana, como tampouco se encontra uma luta inequívoca e claramente demonstrável. No entanto, como a forma deve ser invocada, a única que se oferece além daquela que vive na luta é a forma que se petrifica na literatura. Desse modo se completa um dogma que, tendo transformado por encanto a obra em vida, agora permite a ela, enquanto vida, por meio de um erro não menos sedutor, petrificar-se de novo em obra; um dogma que julga apreender a famosa "figura" do poeta como um híbrido de herói e criador, no qual não se pode discernir mais nada, mas do qual se pode, com a aparência de profundidade, afirmar tudo.

O *Goethe* de Gundolf acolheu o dogma mais impensado do culto a Goethe, a mais pálida profissão de fé dos adeptos: que, entre todas as obras de Goethe, a maior seja sua vida. De acordo com essa concepção, a vida de Goethe não é rigorosamente distinta da vida de suas obras. Como o poeta, em uma imagem de claro paradoxo, denomina as cores de ações e sofrimentos da luz, Gundolf, em uma visão extremamente turvada, transforma a vida goethiana em uma tal luz que, em última instância, não se diferenciaria de suas cores, suas obras. Esse posicionamento lhe serve de duas maneiras: afasta do horizonte todo conceito moral e, ao mesmo tempo, alcança o nível de profundidade blasfema na medida em que atribui ao herói-criador a forma que corresponde a ele enquanto herói vitorioso. Diz, assim, que nas *Afinidades eletivas* Goethe "refletiu sobre o procedimento legislatório de Deus". No entanto, a vida do ser humano, mesmo sendo a daquele que cria, nunca é a do criador. Tampouco pode ser interpretada como a vida do herói que dá forma a si mesma. É nesse sentido que Gundolf a comenta. Não é com a atitude fiel do biógrafo, levando tudo em conta, inclusive — e justamente — aquilo que não compreende, que o teor material dessa vida é apreendido, nem com a modéstia do autêntico biografismo que arquiva os documentos dessa existência mesmo que não consiga decifrá-los; Gundolf supõe que o teor material e o teor de verdade estão evidentes e se correspondem mutuamente, como na vida dos heróis. Entretanto, somente o teor material da vida está evidente, e o seu teor de verdade, oculto. É verdade que se pode lançar luz sobre um aspecto isolado, uma relação isolada, mas não sobre a totalidade, a não ser que também ela seja apreendida apenas como uma relação finita. Pois ela é, em si, infinita. Por isso, não há no âmbito do biográfico nem comentário nem crítica. Violando esse princípio, encontram-se de modo peculiar dois livros que, aliás, podem ser chamados de antípodas na bibliografia sobre Goethe: a obra de Gundolf e o estudo de Baumgartner. Enquanto o último empreende diretamente a exploração do teor de verdade, sem nem sequer intuir o lugar onde está soterrado e, por isso, é forçado a acumular erros críticos sem fim, Gundolf mergulha no mundo dos conteúdos objetivos da vida de Goethe, nos quais só na aparência pode descrever seu teor de verdade. Pois a vida humana não pode ser contemplada por analogia com uma obra de arte. Contudo, o princípio crítico de Gundolf ao lidar com suas fontes manifesta fundamentalmente a determinação para cometer uma tal distorção. Se, na hierarquia das fontes, as obras são colocadas quase sempre em primeiro plano e a carta, para não dizer a conversação, é posta em plano secundário, então essa atitude só pode ser explicada pelo fato de que a própria vida é vista como obra. Pois somente diante da obra o comentário baseado em uma tal fonte possui um valor superior àquele baseado em qualquer outra fonte. Mas isso acontece só porque, mediante o conceito de obra, se estabelece uma esfera própria e rigorosamente delimitada, na qual a vida do poeta é incapaz de penetrar. Se, além disso, essa hierarquia deve ter sido talvez uma tentativa de separar o que foi transmitido originalmente por escrito daquilo que, num primeiro momento, foi transmitido de forma oral, então isso também é, apenas para a história propriamente dita, a questão crucial, ao passo que a biografia, mesmo com o mais alto grau de exigência quanto ao conteúdo, é obrigada a ater-se à dimensão de uma vida humana. Embora o autor, no início de seu livro, rejeite o interesse biográfico, a falta de dignidade que muitas vezes caracteriza os estudos biográficos atuais não permite esquecer que estes se baseiam em um cânone de conceitos sem o qual toda consideração histórica sobre um ser humano perde no fim das contas o seu objeto. Não é de admirar que, com a falta de forma interna, o livro de Gundolf crie um tipo informe de poeta que lembra o monumento esboçado por Bettina, no qual as formas imensas do homem venerado se dissolvem atingindo a informidade, a androginia. Essa monumentalidade é enganosa e, utilizando a própria linguagem de Gundolf, vê-se que a imagem que surge do *logos* impotente não é tão distinta daquela criada pelo descomedido Eros.

Somente o rastreio perseverante de sua metodologia é capaz de enfrentar a natureza quimérica da obra de Gundolf. Sem essa arma é esforço inútil lutar com os detalhes, pois uma terminologia quase impenetrável é a sua couraça. Nela, o significado fundamental para todo conhecimento revela-se na relação entre mito e verdade. Essa relação é de exclusão recíproca. Não há verdade, pois não há univocidade — e, portanto, nem sequer erro — no mito. Porém, como tampouco pode haver verdade sobre ele (já que só há verdade nas coisas objetivas, assim como a objetividade reside na verdade), há então, no que diz respeito ao espírito do mito, única e exclusivamente uma percepção dele.

E onde a presença da verdade for possível, esta só acontecerá sob a condição da percepção do mito, ou seja, da percepção de sua indiferença aniquiladora perante a verdade. Por isso, na Grécia, a arte autêntica, a filosofia autêntica — diferentemente do seu estágio inautêntico, o teúrgico — nasce com o fim do mito, uma vez que a arte não se baseia menos na verdade do que a filosofia, e esta não mais do que aquela. A confusão criada com a identificação entre verdade e mito é, porém, tão inescrutável que essa primeira distorção, com sua eficácia encoberta, ameaça preservar de toda suspeita crítica praticamente cada uma das frases que se encontram na obra de Gundolf. E, no entanto, toda a arte do crítico consiste aqui em nada além do que apanhar, como um segundo Gulliver, apenas uma dessas frasezinhas liliputianas, apesar do esperneio de seus sofismas, e contemplá-la com toda calma. "Somente" no casamento "uniram-se [...] todas as atrações e repulsas que resultam da tensão do ser humano entre natureza e cultura, dessa sua dualidade: com seu sangue, o homem aproxima-se do animal; com sua alma, da divindade [...] Só no casamento a união ou a separação fatal e instintiva de duas pessoas [...] mediante a concepção de um filho legítimo torna-se, na linguagem pagã, um mistério e, na linguagem cristã, um sacramento. O casamento não é só um ato animal, mas também um ato mágico, um encantamento". Uma exposição que apenas o misticismo sanguinolento de sua expressão consegue distinguir da forma de pensar contida na divisa de um biscoitinho da sorte. Ao contrário disso, quão firme se mantém a explicação kantiana, cuja rigorosa indicação do elemento natural do casamento — a sexualidade — não obstrui o caminho para o *logos* de seu elemento divino — a fidelidade. Com efeito, próprio daquilo que é verdadeiramente divino é o *logos*; o divino não fundamenta a vida sem a verdade, nem o rito sem a teologia. Em oposição a isso, o elemento comum a toda visão pagã é a primazia do culto sobre a doutrina, a qual se mostra pagã de maneira a mais segura na medida em que é única e exclusivamente esotérica. O *Goethe* de Gundolf, tosco pedestal de sua própria estatueta, revela em todos os sentidos o iniciado numa doutrina esotérica, o qual apenas por longanimidade tolera o esforço da filosofia em torno de um mistério cuja chave ele segura em suas mãos. Contudo, nenhum modo de pensar é mais fatídico do que este que, de forma confusa, força de volta ao mito até mesmo aquilo que havia começado a distanciar-se dele e que, por intermédio dessa imersão forçada no monstruoso, já teria se constituído em advertência a toda reflexão que não se compraz numa estadia na selva dos trópicos, na floresta virgem em que as palavras, como macacos tagarelas, balançam de galho em galho, de pompa em pompa, só para não terem de tocar o solo que denuncia que não podem ficar em pé — tocar o *logos* onde deveriam ficar em pé e prestar contas.[35] Todavia, evitam o *logos* abertamente, uma vez que nele a questão quanto à verdade, em face de todo pensamento mítico (até mesmo aquele obtido de modo sub-reptício), é reduzida a nada. De fato, esse pensamento não tem nenhum tipo de escrúpulo quanto a tomar o terreno cego do mero teor material na obra de Goethe por seu teor de verdade e, em vez de depurar, a partir de uma ideia como aquela do destino, o verdadeiro conteúdo através do conhecimento, ele é corrompido na medida em que a sentimentalidade envolve o conhecimento com

---

[35] Neste trecho, Benjamin mobiliza trocadilhos de difícil tradução: "trópicos", *Tropen*, é também o plural de *Trope* (*tropos*, em grego: desvio), figura retórica e de linguagem; "pompa" traduz aqui o substantivo masculino *Bombast*, que por sua vez traz em si todas as letras do substantivo *Ast*, galho, ramo. Por isso, formula-se na tradução que o "macaco" falastrão, de estilo retórico e bombástico, arroja-se "na selva dos trópicos [...] de galho em galho, de pompa em pompa". (N. da E.)

suas exalações. Desse modo, com a falsa monumentalidade da imagem goethiana, surge a legalidade falsificada de seu conhecimento; e a investigação de seu *logos*, percebendo sua fragilidade metodológica, colide com a presunção de sua linguagem e, com isso, penetra no centro da questão. Seus conceitos são nomes; seus juízos são fórmulas. Pois nessa presunção, exatamente a linguagem, cuja *ratio* radiante nem mesmo o mais miserável dos homens consegue sufocar, é obrigada a propagar uma escuridão que somente ela poderia iluminar. Com isso, deve desaparecer a última crença na superioridade desse estudo de Gundolf sobre a literatura goethiana das escolas mais antigas — estudo que a filologia intimidada aprovou como seu legítimo e maior sucessor não somente por conta de sua má consciência, mas também pela impossibilidade de avaliá-lo a partir de seus conceitos básicos. Todavia, a inversão quase insondável do modo de pensar de Gundolf não subtrai à consideração filosófica um empenho que condenaria a si próprio ainda que não portasse a aparência abjeta do acerto.

Onde quer que o exame da vida e da obra de Goethe esteja em questão, o mítico — por mais visível que se manifeste nelas — não pode constituir a base do conhecimento. Um aspecto mítico particular, no entanto, pode muito bem ser um objeto de consideração; por outro lado, em se tratando da essência e da verdade na obra e na vida, o exame do mito, mesmo nas relações concretas, não é o passo final. Pois, no âmbito do mito, nem a vida de Goethe nem tampouco qualquer uma de suas obras estão representadas completamente. Se é da vida do poeta que se trata aqui, isso está garantido pura e simplesmente por sua natureza humana; já as obras demonstram esse fato em detalhe, na medida em que uma luta guardada em segredo ao longo da vida se manifesta nas produções mais tardias. E somente nestas encontram-se elementos míticos também no conteúdo, e não apenas nos assuntos tratados. Elas podem ser consideradas certamente, no contexto dessa vida, como um testemunho válido de sua última fase. Sua força testemunhal é válida, no nível mais profundo, não só para o mundo mítico na existência de Goethe. Nesta, há uma luta para libertá-lo das amarras míticas, e essa luta, não menos do que a essência daquele mundo, está documentada no romance goethiano. Na grandiosa experiência fundamental dos poderes míticos, sabendo que a reconciliação com eles não pode ser obtida senão mediante a constância do sacrifício, Goethe levantou-se contra eles. Se, na maturidade, ele empreendeu a sempre renovada tentativa — uma tentativa realizada com desalento íntimo, mas com vontade férrea — de submeter-se a essas ordens míticas por toda parte onde ainda imperassem (inclusive consolidar as suas regras em seu favor, como só o faz um servidor dos poderosos), então essa tentativa desmoronou depois da última e mais difícil submissão a que ele se sujeitou: depois da capitulação em sua luta por mais de trinta anos contra a instituição do casamento, que lhe parecia ameaçador como um símbolo de aprisionamento mítico. E um ano após o contrato matrimonial, que se lhe impusera numa época em que sofria a pressão do destino, começou a escrever *As afinidades eletivas*, registrando assim o protesto — sempre crescente em sua obra tardia — contra aquele mundo com o qual sua idade madura havia selado um pacto. *As afinidades eletivas* constituem um ponto de virada em sua obra. Com esse romance tem início a derradeira série de suas produções, sendo que de nenhuma delas ele pôde desvencilhar-se por completo, já que até o fim continuaram pulsando vivamente dentro dele. Assim se entende o elemento comovente na anotação feita em seu diário, no ano de 1820, de que "havia começado a ler *As afinidades eletivas*", como também se entende a muda ironia de uma cena reportada por Heinrich Laube: "Uma senhora lançou contra Goethe as seguintes palavras a respeito das *Afinidades eletivas*: eu não posso de forma alguma, senhor von Goethe, aprovar esse romance; ele é de fato imoral, e eu não o recomendo a nenhuma mulher. — Nesse ponto, Goethe permaneceu por certo tempo em grave silêncio e finalmente disse com muita comoção: sinto muito; é na verdade o meu melhor livro". Essa última série de obras atesta e acompanha a depuração que não pôde mais ser uma libertação. Talvez porque sua juventude tenha com frequência, diante dos apuros da vida, fugido incontinenti para o campo da criação literária, a idade, com terrível e implacável ironia, fez da literatura a soberana de sua vida. Goethe curvou sua vida diante das ordens que faziam dela a ocasião para as suas obras. Essa é a circunstância moral da apreciação que Goethe fez dos conteúdos factuais em idade avançada. Os três grandes documentos de tal penitência mascarada foram *Poesia e verdade*, o *Divã do Ocidente e do Oriente* e a segunda parte do *Fausto*. A historização de sua vida, tal como coube primeiramente à autobiografia *Poesia e verdade* e, mais tarde, aos *Diários e anais*, tinha de patentear como verdadeiro e transfigurar pela poesia o quanto essa vida havia sido o fenômeno primordial de uma vida de grande valor poético, plena de temas e ocasiões para "o poeta". A ocasião da poesia, de que aqui se fala, não só é algo diferente da vivência, que a mais recente convenção coloca como fundamento da invenção poética,[36] mas exatamente o contrário. A tese, que se vai herdando nas histórias da literatura, de que a poesia goethiana tenha sido uma "poesia de ocasião" significa que ela era uma "poesia de vivência" e, no que se refere às suas últimas e maiores obras, expressa-se assim o

[36] Benjamin alude aqui ao livro *Das Erlebnis und die Dichtung* [A vivência e a Poesia] que, publicado em 1906 por Wilhelm Dilthey (1833-1911), teve grande impacto sobre a vida cultural alemã. (N. da E.)

oposto da verdade. Pois a ocasião fornece o conteúdo, enquanto a vivência deixa apenas um sentimento. Afim e semelhante à relação entre esses dois termos é a relação entre as palavras *Genius* e *Genie*. A última equivale a um título que, na boca dos modernos, não importando como eles se posicionem, nunca se prestará a captar a relação de um homem com a arte como sendo essencial. A palavra *Genius* consegue isso, e os versos de Hölderlin afiançam-no: "Não te são, pois, conhecidos tantos viventes?/ Não caminham teus pés sobre o verdadeiro como sobre tapetes?/ Por isso, meu Genius! só ingressa/ descalço na vida e não te preocupes!/ Que tudo o que acontece te seja propício!".[37] Mostra-se exatamente aqui a antiga vocação do poeta que, desde Píndaro até Meleagros,[38] desde os jogos ístmicos até as horas de amor, encontrava ocasiões de diferentes níveis (mas, como tal, sempre dignas) para o canto que, por consequência, não podia cogitar fundamentar-se em vivências. Desse modo, o conceito de vivência não é nada além de uma paráfrase daquela ausência de consequências do canto, ausência esta ansiada também pelo mais sublime modo de ser filisteu (sublime por ser ainda igualmente covarde); e tal canto, despojado da relação com a verdade, não

---

[37] Versos extraídos do poema *Blödigkeit*, que literalmente significa "estupidez", "imbecilidade". Contudo, o sentido que adquire no contexto do poema é o de "timidez", "hesitação", "reserva": sentimento que deve ser superado pela coragem insuflada pelos versos de Hölderlin. No original, os versos dizem: "*Sind denn dir nicht bekannt viele Lebendigen?/ Geht auf Wahrem dein Fuß nicht, wie auf Teppichen?/ Drum, mein Genius! tritt nur/ Bar ins Leben, und sorge nicht! Was geschiehet, es sei alles gelegen dir!*". (N. da E.)

[38] Meleagros de Gadara: escritor e poeta grego que viveu aproximadamente entre 140 e 70 a.C. Deixou sobretudo epigramas e sátiras menipeias, além da primeira antologia de epigramas gregos de que se tem notícia. (N. da E.)

consegue despertar a responsabilidade adormecida. Na velhice, Goethe penetrou suficientemente fundo na essência da poesia para constatar, com estremecimento, a ausência de ocasião para a poesia no mundo ao seu redor; não obstante, quis caminhar unicamente sobre aquele tapete do verdadeiro. Postou-se tardiamente no limiar do Romantismo alemão. Não lhe era permitido — como tampouco a Hölderlin — o acesso à religião sob a forma de algum tipo de conversão, de aproximação a uma comunidade. Goethe abominava tal procedimento nos pré-românticos. Mas as leis, a que estes buscavam inutilmente corresponder em sua conversão e, consequentemente, na extinção de sua vida, atiçavam em Goethe, que tinha de submeter-se do mesmo modo a elas, a chama suprema de sua vida. Nessa chama consumiam-se as escórias de cada paixão; e assim, até o fim de sua vida, ele pôde manter, em sua correspondência, o amor por Marianne[39] tão dolorosamente perto de si que, mais de uma década após esse período no qual declararam sua afeição, foi possível nascer aquele que é talvez o mais poderoso poema do *Divã do Ocidente e do Oriente*: "Não mais sobre papel de seda/ escrevo rimas simétricas". E o fenômeno mais tardio de uma tal poesia a governar a vida e, por fim, até mesmo a duração da vida, foi a conclusão de *Fausto*. Se na série das obras da velhice a primeira é *As afinidades eletivas*, então, por mais obscuro que o mito aí vigore, uma promessa mais pura deve ser visível nesse romance. Mas a um estudo como o de Gundolf ela não se revelará. Este estudo, tan-

---

[39] Marianne von Willemer (1784-1860), que Goethe encontrou pela primeira vez em agosto de 1814 numa estação de águas em Wiesbaden. Esposa de um banqueiro de Frankfurt 24 anos mais velho, Marianne inspirou a Goethe a figura de Zuleica, que no *Divã do Ocidente e do Oriente* trava diálogos amorosos com Hatem, nome que o poeta se atribui nesse ciclo. (N. da E.)

to quanto os de outros autores, não se dá conta da novela, não se dá conta dos "Jovens vizinhos singulares".[40]

As afinidades eletivas foram planejadas inicialmente como novela na esfera do romance *Os anos de peregrinação de Wilhelm Meister*; a sua expansão, contudo, forçou-a para fora desse círculo. Mas os traços da ideia primordial de forma conservaram-se apesar de tudo aquilo que fez a obra tornar-se um romance. Somente a plena maestria de Goethe, que aqui se mostra num apogeu, soube impedir que a tendência inerente à novela destruísse a forma romanesca. Ao enobrecer, por assim dizer, a forma do romance mediante a da novela, a cisão parece ter sido dominada à força, e a unidade, alcançada. O artifício sobrepujante que tornou isso possível, e que se impôs de modo igualmente imperioso por parte do conteúdo, consiste no fato de que o poeta se abstém de convocar para o centro dos próprios acontecimentos a participação do leitor. Na medida em que esse centro permanece inteiramente inacessível à intenção imediata do leitor, como o ilustra com máxima evidência a inesperada morte de Ottilie, a influência da forma novelística sobre a do romance se denuncia; e, justamente na representação dessa morte, também se denuncia antes de tudo uma ruptura no momento em que aquele centro da ação, permanentemente dissimulado na novela, faz-se notar por fim com força redobrada. Como já havia su-

[40] Em sua interpretação das *Afinidades eletivas*, Benjamin confere significado central à narrativa "Os jovens vizinhos singulares" (*Die wunderlichen Nachbarskinder*), que Goethe inseriu sob o título explícito de *Novelle* no décimo capítulo da segunda parte do romance. De maneira até então inédita na bibliografia secundária, Benjamin assinala os vários pontos de contraste que a novela, em seu final feliz, apresenta em relação ao desfecho do romance. (N. da E.)

gerido R. M. Meyer, talvez seja próprio da mesma tendência formal que a narrativa goste de apresentar grupos. E, na verdade, o seu caráter visual é basicamente não pictórico; ele pode ser chamado de plástico, talvez estereoscópico. Também esse caráter visual aparece como novelístico. Pois se o romance, como um sorvedouro, atrai o leitor irresistivelmente para o seu interior, a novela insiste no distanciamento, ela expulsa todos os seres vivos de seu círculo mágico. Nesse sentido específico, a obra permaneceu, apesar de sua extensão, como novela. Quanto à efetividade da expressão, *As afinidades eletivas*, enquanto romance, não são superiores à novela propriamente dita, a qual se encontra embutida na narrativa. *As afinidades eletivas* criam uma forma-limite e, em virtude disso, estão muito mais distantes de outros romances do que estes entre si. No "*Wilhelm Meister* e nas *Afinidades eletivas* o estilo artístico é inteiramente determinado pelo fato de sentirmos a presença do narrador por toda parte. Falta aqui o realismo artístico formal [...] que faz com que os acontecimentos e os homens existam por conta própria, de modo que eles, como num palco, só pareçam ter uma existência imediata; em vez disso, são na verdade muito mais uma 'narrativa' sustentada pelo narrador palpável que está por trás de tudo [...] os romances de Goethe desenrolam-se no âmbito das categorias do 'narrador'". "Declamados" é como Georg Simmel os chamou numa outra ocasião. Não importa como esse fenômeno, que para Simmel não parece mais ser passível de análise, possa ser explicado no *Wilhelm Meister* — nas *Afinidades eletivas* ele deve-se ao fato de que Goethe, de forma zelosa, reserva para si próprio o direito de governar exclusivamente o âmbito vital de sua obra. São justamente esses limites colocados ao leitor que caracterizam a forma novelística clássica: Boccaccio confere uma moldura às suas novelas; Cervantes escreve-lhes um prólogo. Por mais que a forma do romance se acentue nas *Afinidades eletivas*, exatamente esse acentuar-se e essa sobrepujança do tipo e do contorno denunciam a obra como novela.

Nada pôde tornar o resto de ambiguidade que lhe sobra mais inaparente do que a inserção de uma novela que, quanto mais a narrativa principal dela se destacava como de um modelo puro de seu gênero, mais semelhante a um verdadeiro romance a novela fazia a narrativa principal parecer. Nisso se baseia o significado próprio que, na composição, cabe aos "Jovens vizinhos singulares", que devem ser considerados uma novela-modelo, mesmo se essa consideração limitar-se à forma. Goethe quis colocar a novela como exemplar — não menos, mas em certo sentido até mais do que o romance. Pois, embora o acontecimento relatado seja concebido no próprio romance como real, ainda assim a narrativa é denominada novela. Ela deve valer como "Novela" de maneira tão categórica quanto a obra principal deve valer como "Um romance". Nela se manifesta com absoluta evidência a regularidade pensada de sua forma, a intangibilidade de seu centro, ou seja, o mistério como uma característica essencial. Pois nela o mistério é a catástrofe disposta em posição central como princípio vivo da narrativa, enquanto no romance o significado da catástrofe, como aquele do acontecimento final, permanece fenomênico. A força vivificadora dessa catástrofe é, mesmo contando com muitas correspondências no romance, tão difícil de ser perscrutada que, para um observador desprevenido, a novela não é menos autônoma, mas também não menos enigmática, do que "A tola peregrina".[41] E no entanto reina nes-

---

[41] Em agosto de 1807, Goethe iniciou a tradução de uma novela anônima francesa (*La folle en pélerinage*). Em 1808 publicou-a numa revista sob o título "A tola peregrina" (*Die pilgernde Törin*) e posteriormente integrou-a ao romance *Os anos de peregrinação de Wilhelm Meister* (livro I, capítulo 5). (N. da E.)

sa novela luz clara. Desde o início tudo, nitidamente delineado, fica exposto como num cume. É o dia da decisão que lança o seu brilho no Hades crepuscular do romance. Desse modo, a novela é, pois, mais prosaica do que o romance. Numa prosa de grau superior, ela se defronta com o romance. A esse fato corresponde a genuína anonimidade em seus personagens e a anonimidade parcial e indecisa naqueles do romance.

Enquanto na vida destes últimos vigora uma reclusão que garante a liberdade de seu agir, as figuras da novela surgem estreitamente rodeadas por seu mundo, por seus familiares. Se Ottilie, em face da insistência do amado, renuncia não apenas ao medalhão de seu pai, mas também às recordações de seu lugar de origem para se entregar completamente ao amor, na novela nem mesmo o casal unido se sente dispensado da bênção dos pais. Esse algo tão diminuto caracteriza a fundo os casais. Pois é certo que os amantes se desligam e emancipam-se do vínculo com a casa paterna, mas não é menos certo que eles transformam o poder interior desta: mesmo se um deles, por si só, permanecesse preso à casa paterna, o outro, com seu amor, libertá-lo-ia. Se, de outro modo, há para os amantes algo como um sinal, então este: a ambos fechou-se não somente o abismo do sexo, mas também aquele da família. Para que uma tal concepção de amor seja válida, ela não pode privar-se pusilanimemente da visão dos pais, muito menos ignorar sua existência, como impõe Eduard a Ottilie. A força dos amantes na novela triunfa na medida em que eclipsa no ser amado até mesmo a presença plena dos pais. O quanto eles, em sua radiância, são capazes de se libertar mutuamente de todos os vínculos — isso é dito na novela mediante a imagem das vestes em que os filhos mal são reconhecidos pelos pais. Não só no tocante a estes, mas também a todo o resto à sua volta, os amantes ingressam numa relação. E, enquanto para as figuras do romance a independência apenas sela com o maior rigor possível a submissão temporal e espacial ao destino, para as figuras da novela oferece a garantia mais valiosa de que, com o ápice de sua própria desgraça, seus companheiros de viagem são confrontados com o perigo de soçobrar. De onde se conclui que mesmo o acontecimento mais extremo não expulsa os dois jovens do círculo de seus entes próximos, ao passo que o estilo de vida refinado das figuras do romance não pode evitar que, até que o sacrifício ocorra, cada momento os exclua mais inexoravelmente da comunidade dos seres apaziguados. Os amantes na novela não conquistam a paz por meio do sacrifício. Que o salto fatal da jovem não tenha esse significado, isso vem indicado pelo autor da maneira mais delicada e precisa. Pois quando ela atira para o jovem a guirlanda, sua intenção secreta é uma só: expressar que ela não quer "morrer na beleza", nem ser coroada na morte como uma sacrificada. O rapaz, que só tem olhos para o timão, testemunha por seu turno que, conscientemente ou não, ele não toma parte na execução do ato como se fosse uma vítima. Uma vez que esses seres não arriscam tudo partindo de uma liberdade concebida de modo falso, não ocorre um sacrifício entre eles, mas sim uma decisão dentro deles. De fato, a liberdade está tão claramente afastada da decisão do jovem de salvar a moça quanto o destino o está. A aspiração quimérica por liberdade é aquilo que evoca o destino sobre as figuras do romance. Os amantes na novela estão além da liberdade e do destino, e a sua decisão corajosa é suficiente para romper o destino que se avoluma sobre eles e para desmascarar uma liberdade que pretendia degradá-los à nulidade da escolha. É esse o sentido de sua ação nos segundos da decisão. Ambos mergulham na correnteza viva cujo poder benéfico não se manifesta com menos força nesse acontecimento do que, no romance, o poder letal das águas dormentes. O estranho mascaramento com as roupas nupciais encontradas pelos jovens também se elucida inteiramente através de um episódio no romance: Nanny chama de vestido de noiva a mortalha preparada para Ottilie. Por conseguinte, seria certamente permitido interpretar desse modo aquele estranho episódio da novela e — mesmo sem as analogias míticas que possam porventura ser descobertas — reconhecer nas vestes nupciais dos amantes as mortalhas transformadas e doravante imunes à morte. A completa segurança existencial que, ao final, se abre para eles está indicada também de outras maneiras. Não apenas mediante as vestes que os ocultam aos amigos, mas acima de tudo por meio da grande imagem do navio aportando no lugar onde os jovens se unem, é despertada a sensação de que eles não possuem mais destino e encontram-se no ponto ao qual os outros ainda têm de chegar um dia.

Com tudo isso, pode-se considerar irrefutavelmente correto que, na construção das *Afinidades eletivas*, cabe à novela um significado decisivo. Ainda que somente à luz plena da narrativa principal todos os seus detalhes sejam revelados, estes dão um testemunho inconfundível de que aos motivos míticos do romance correspondem aqueles da novela enquanto motivos da redenção. Se, desse modo, o mítico é abordado no romance como tese, a antítese pode ser encontrada na novela. Seu título aponta para isso. "Singulares", na verdade, devem parecer aqueles jovens vizinhos principalmente para as figuras do romance, que se afastam deles com sentimento profundamente ferido. Um ferimento que Goethe, em consonância com a natureza secreta da novela e talvez em muitos aspectos de modo oculto para si mesmo, motivou exteriormente, mas sem que com isso tenha subtraído ao ferimento seu significado interior. Ao passo que, na visão do leitor, aquelas figuras permanecem mais fracas e mais emudecidas, contudo em pleno tamanho natural, o casal unido da novela desaparece sob o arco de uma última pergunta retórica, numa perspectiva por assim dizer infinitamente distante. Será que, na disposição para afastar-se e desaparecer, não deveria estar subentendida bem-aventurança — a bem-aventurança nas coisas pequenas, que Goethe mais tarde transformou no motivo único da "Nova Melusina"?[42]

III

> "Antes que alcanceis o corpo nesta estrela
> Invento-vos o sonho em eternas estrelas."
>
> Stefan George[43]

Aqueles que não encontram na crítica da arte uma reprodução de seu devaneio autocentrado escandalizam-se sob o pretexto de que ela invade em demasia a esfera da obra, de modo que esse escandalizar-se testemunha tal ignorância quanto à essência da arte, que uma época para a qual a origem rigorosamente determinada da arte vai se tornando cada vez mais viva não precisa articular aqui nenhuma refutação. Contudo, talvez seja

---

[42] Conto maravilhoso (*Märchen*) que remonta ao livro popular *Melusine* (1474), adaptação de uma saga francesa sobre o casamento de um cavaleiro com uma ninfa. Goethe concluiu a redação da narrativa "A nova Melusina" (*Die Neue Melusine*) em setembro de 1812 e integrou-a ao romance *Os anos de peregrinação de Wilhelm Meister* (livro III, capítulo 6). Entre as várias narrativas inseridas nesse romance de velhice, "A nova Melusina" é a mais fantástica e trata do amor e casamento (que se desfaz no final) entre um barbeiro e uma bela mulher, a qual acaba por revelar-se como a princesa de um povo de anões. (N. da E.)

[43] Versos tomados à quadra (citada integralmente no final deste ensaio) que o poeta Stefan George (1868-1933) afixou na casa natal de Beethoven em Bonn. O poema, intitulado *Haus in Bonn* [Casa em Bonn], integra o ciclo *Der siebente Ring* [O sétimo anel], de 1907. (N. da E.)

permitida uma imagem que dê a resposta mais concludente a essa suscetibilidade. Suponha-se que se fique conhecendo uma pessoa bela e atraente, porém fechada, pois traz em si um segredo. Seria repreensível querer invadir a sua esfera íntima. Mas é certamente lícito procurar saber se ela tem irmãos e se o modo de ser deles explica porventura em alguns aspectos o caráter enigmático do desconhecido. É exatamente dessa maneira que a crítica sonda os irmãos da obra de arte. E todas as obras autênticas têm seus irmãos no âmbito da filosofia. Pois aquelas são justamente as figuras nas quais aparece o ideal de seu problema. — A totalidade da filosofia, o seu sistema, é de um poderio superior ao que pode exigir a quinta-essência de todos os seus problemas, uma vez que a unidade na solução de todos eles não pode ser indagada. Pois se a unidade na solução de todos os problemas fosse mesmo passível de indagação, então logo se colocaria em relação à indagação que conduz todo esse processo uma nova indagação, sobre a qual repousa a unidade de sua resposta juntamente com a unidade de todas as demais. Decorre daí que não há nenhuma pergunta que abranja a unidade da filosofia por meio da indagação delineada. O conceito dessa pergunta inexistente, que indaga a unidade da filosofia, está assinalado na filosofia pelo ideal do problema. Contudo, mesmo se o sistema não pode ser indagado em nenhum sentido, ainda assim há configurações que, sem serem perguntas, têm a mais profunda afinidade com o ideal do problema. Estas são as obras de arte. Não com a filosofia propriamente dita concorre a obra de arte; ela apenas estabelece a mais precisa relação com a filosofia mediante o seu parentesco com o ideal do problema. E, na verdade, o ideal, de acordo com uma lógica que se fundamenta em sua própria essência, pode manifestar-se unicamente em uma multiplicidade. Não é, porém, numa multiplicidade de problemas que aparece o ideal do problema. Ele se encontra enterrado antes naquela multiplicidade das obras, e sua extração é tarefa da crítica. Esta permite ao ideal do problema aparecer na obra de arte, em uma de suas manifestações sensíveis. Pois o que a crítica demonstra por fim na obra de arte é a possibilidade virtual de formular o seu teor de verdade como sendo o mais elevado problema filosófico. Mas aquilo perante o que a crítica se detém — como por reverência à obra, mas igualmente por respeito à verdade — é justamente essa própria formulação. De fato, aquela possibilidade de formulação só poderia ser alcançada se o sistema fosse passível de indagação, e, com isso, transformar-se-ia a si própria, a partir de uma manifestação do ideal, em uma existência jamais dada do próprio ideal. Assim, porém, a possibilidade de formulação diz simplesmente que a verdade numa obra poderia reconhecer-se não como indagável, mas sim como exigida. Se for permitido dizer que todo belo se relaciona de algum modo com o verdadeiro e que o seu lugar virtual na filosofia pode ser determinado, isso significa então que em cada obra de arte verdadeira pode ser encontrada uma manifestação do ideal do problema. Resulta daí que, desde o momento em que a consideração dos fundamentos do romance se eleva à contemplação de sua perfeição, a filosofia, e não o mito, está convocada a guiá-la.

Com isso, a figura de Ottilie destaca-se. É nela, com efeito, que o romance parece de forma absolutamente evidente desprender-se do mundo mítico. Pois mesmo quando ela sucumbe como vítima de poderes obscuros, é precisamente a sua inocência que, seguindo uma antiga exigência que reivindica que o sacrificado seja imaculado, designa Ottilie para esse destino terrível. É verdade que nessa figura de menina não é a castidade que se apresenta, por mais que esta surja da espiritualidade — já em Luciane uma tal intocabilidade constitui praticamente um defeito —; mesmo assim, a conduta inteiramente natural de Ottilie, apesar da total passividade que a caracteriza no erotismo como em todas as outras esferas, torna-a inacessível a ponto de, em transe, ausentar-se do mundo. Em seu estilo inoportuno, o soneto de Werner também anuncia isso: nenhuma consciência vela a castidade dessa menina. Mas o seu mérito não é, então, tanto maior? Com que profundidade essa castidade enraíza-se na essência natural da jovem, Goethe apresentou-o nas cenas em que a mostra com o menino Jesus e com o filho de Charlotte morto nos braços. Em ambas as cenas, Ottilie aparece sem marido. Contudo, o poeta disse ainda mais coisas com isso. Pois o quadro "vivo", que apresenta a graça da mãe de Deus e sua pureza superior a todos os rigores morais, é precisamente o artificial. Aquele que a natureza oferece um pouco depois mostra o menino morto. E é exatamente o que desvela a essência verdadeira daquela castidade cuja infecundidade sagrada não é, em si mesma, superior em nada à confusão impura da sexualidade que reúne o casal dividido e cujo direito consiste somente em deter a união em que o homem e a mulher deveriam se perder. Na figura de Ottilie, entretanto, essa castidade reivindica bem mais. Ela evoca a aparência de uma inocência da vida natural. A ideia pagã, ainda que não mítica, dessa inocência deve ao cristianismo, no que tange ao ideal de virgindade, pelo menos a sua formulação mais extrema e mais rica em consequências. Se as causas de uma culpa original mítica devem ser buscadas no simples impulso vital da sexualidade, o pensamento cristão vê a sua contrapartida na esfera em que tal impulso se encontra o mais distante da expressão drástica: na vida da virgem. Mas essa intenção clara, ainda que não seja claramente consciente, inclui um erro muito grave. É certo que assim como há uma culpa natural, há também uma inocência natural da vida. Esta última, porém, está ligada não à sexualidade — nem mesmo como sua negação —, mas sim unicamente ao seu polo oposto (e igualmente natural): o espírito. Assim como a vida sexual do ser humano pode tornar-se a expressão de uma culpa natural, desse mesmo modo a sua vida espiritual relacionada à unidade de sua individualidade, não importando como esta esteja constituída, pode tornar-se a expressão de uma inocência natural. Essa unidade da vida espiritual no indivíduo é o caráter. A univocidade, como o momento essencial constitutivo do caráter, diferencia-o do elemento demoníaco de todos os fenômenos puramente sexuais. Atribuir a um ser humano um caráter complicado só pode significar negar-lhe caráter, seja de modo justo ou injusto, enquanto para cada manifestação da vida puramente sexual o selo de seu conhecimento continua sendo a percepção da ambiguidade de sua natureza. Isso também se constata na virgindade. Acima de tudo, fica evidente a ambiguidade de sua intocabilidade. Pois exatamente o que é concebido como sinal de pureza interior é o que mais agrada ao desejo. Mas também a inocência da ignorância é ambígua. Pois sobre a sua base a afeição converte-se inesperadamente em desejo considerado pecaminoso. E justamente essa ambiguidade retorna de maneira altamente significativa no símbolo cristão da inocência: o lírio. As linhas rígidas dessa planta, a brancura de seu cálice, unem-se aos aromas embriagadoramente doces, que quase deixam de ser vegetais. Goethe concedeu a Ottilie essa magia perigosa da inocência que tem a mais íntima afinidade com o sacrifício celebrado por sua morte. Pois justamente ao aparecer de tal modo inocente, Ottilie não abandona o irradiante domínio da execução do sacrifício. Não a pureza, mas sim sua aparência derrama-se com tal inocência sobre a sua figura. É a intocabilidade da aparência que a coloca fora do alcance de seu amado. Uma natureza aparentemente similar está sugerida no ser de Charlotte, o qual apenas parece inteiramente puro e incontestável, enquanto na verdade sua infidelidade em relação a seu amigo o desfigura. Mesmo em sua aparição como mãe e dona de casa, na qual passividade pouco combina com ela,

Charlotte causa uma impressão fantasmagórica. E, no entanto, só às custas dessa indeterminação apresenta-se nela a nobreza. Portanto, no mais fundo, ela não se diferencia de Ottilie, que entre os fantasmas é a única a ter aparência. E assim, de modo geral, é imprescindível para a compreensão dessa obra buscar sua chave não no antagonismo dos quatro parceiros, mas sim naquilo em que eles se diferenciam em igual medida dos amantes na novela. As personagens da narrativa principal opõem-se umas às outras menos como indivíduos do que como pares.

Será que a essência de Ottilie toma parte naquela autêntica inocência natural que tem tão pouco a ver com a ambígua intocabilidade quanto com a bem-aventurada ausência de culpa? Ela tem caráter? Será que sua natureza, não tanto graças à própria franqueza quanto em virtude da expressão livre e aberta, encontra-se tão clara diante dos nossos olhos? O contrário de tudo isso é o que a caracteriza. Ela é reservada — mais ainda: nada do que diz ou faz pode livrá-la de sua reserva. Um mutismo vegetal, tal como se expressa de forma grandiosa no motivo de Dafne suplicante com as mãos erguidas, cobre sua existência e a obscurece ainda nos perigos mais extremos, os quais normalmente — no caso de qualquer outra pessoa — colocariam sua existência em plena luz. Sua decisão de morrer permanece um segredo até o final não só para os amigos; ela parece tomar forma, em sua completa obscuridade, de uma maneira incompreensível também para a própria Ottilie. E isso toca as raízes da moralidade de sua decisão. Pois se o mundo moral mostra-se em alguma parte iluminado pelo espírito da língua, isso acontece na decisão. Nenhuma decisão moral pode ganhar vida sem uma forma linguística e, a rigor, sem ter se tornado um objeto de comunicação. Por isso, no silêncio absoluto de Ottilie, a moralidade da vontade de morrer que a anima torna-se questionável. Na verdade, o que a motiva não é uma decisão, mas sim um impulso. Por essa razão o seu morrer não é — como Ottilie parece expressar de forma ambígua — sagrado. Se ela reconhece ter se afastado de seu "caminho", essa palavra em verdade só pode estar dizendo que apenas a morte pode preservá-la de sua ruína interior. E assim a morte é muito provavelmente expiação no sentido do destino, mas não a absolvição sagrada que, para o ser humano, não pode ser jamais uma morte voluntária, mas apenas a morte imposta a ele por Deus. A de Ottilie é, assim como sua intocabilidade, apenas o último recurso da alma que foge da ruína. Em seu impulso para a morte expressa-se a ânsia pelo repouso. Goethe não deixou de indicar que isso surge inteiramente daquilo que é natural nela. Se Ottilie morre na medida em que se priva de alimento, o poeta também deixa claro no romance o quanto a comida, mesmo em tempos mais felizes, era com frequência repugnante para ela. A existência de Ottilie, que Gundolf chama de sagrada, é uma existência dessacralizada, e isso nem tanto por ter pecado contra um casamento em ruínas, mas antes pelo fato de, subjugada até a morte no aparecer e no devir de uma violência fatídica, ir levando a vida na indecisão. Essa permanência culpada e inocente no âmbito do destino lhe concede, aos olhos da interpretação superficial, uma qualidade trágica. Assim Gundolf pode falar do "*pathos* dessa obra, de uma tragicidade não menos sublime e estremecedora do que aquela de que advém o *Édipo* de Sófocles". Antes dele, François-Poncet, em seu livro insípido e abalofado sobre as *Affinités électives*, já havia falado de modo semelhante. E, mesmo assim, não deixa de ser o julgamento mais errôneo. Pois na palavra trágica do herói foi alcançada a crista da decisão, sob a qual culpa e inocência do mito engolem-se como um abismo. Para além da culpabilidade e da inocência funda-se a imanência do bem e do mal, que só pode ser alcançado pelo herói, jamais por uma moça hesitante. Por isso, enaltecer a sua "purificação trágica" é discurso vazio. Não se pode conceber nada menos trágico do que esse deplorável fim.

Mas não é apenas nisso que o impulso mudo se dá a conhecer; insustentável mostra-se também a vida de Ottilie quando é exposta ao círculo luminoso dos preceitos morais. Contudo, somente a completa ausência de envolvimento com essa obra parece ter aberto os olhos dos críticos para isso. Ficou reservado assim à compreensão caseira de Julian Schmidt formular a pergunta que, efetivamente, deveria ter sido a primeira a ser colocada por leitores imparciais em face dos acontecimentos. "Não haveria nenhuma objeção a ser feita se a paixão tivesse sido mais forte do que a consciência; mas como entender esse emudecer da consciência?" "Ottilie comete um erro que lhe causa culpa — uma culpa que mais tarde ela sente profundamente, mais profundamente do que o necessário; mas como pode ser que ela não a sinta antes? Como é possível que uma alma tão bem constituída e tão bem educada, como se supõe que Ottilie seja, não perceba que, pelo modo como se comporta diante de Eduard, está ferindo os direitos de Charlotte, sua benfeitora?" Nenhum exame das correlações mais internas do romance pode invalidar o pleno direito dessa questão. O não reconhecimento de seu caráter obrigatório deixa a essência do romance no escuro. Pois a linguagem abafada dos afetos pode ser entendida como um traço da individualidade de Ottilie, mas não esse silêncio da voz moral. Não se trata de uma característica dentro dos limites da natureza humana. Com esse silêncio a aparência instalou-se, consumindo o coração do ser mais nobre. E isso lembra curiosamente a taciturnidade de Minna Herzlieb, que morreu insana na velhice.[44] Não se expressando em palavras, toda clareza de uma conduta é apa-

[44] Ver nota 23. (N. da E.)

rente e, na verdade, a vida interior daqueles que dessa maneira se preservam não é menos obscura para eles do que para os demais. Somente em seu diário parece manifestar-se por fim a vida humana de Ottilie. Toda a sua existência dotada de linguagem deve ser procurada cada vez mais nesses mudos apontamentos. Contudo, também eles apenas constroem o monumento para aquela que morreu lentamente. Ao revelarem segredos que só a morte poderia desvelar, os apontamentos de diário habituam à ideia de seu desaparecimento; e, ao manifestarem a taciturnidade de uma pessoa que vive, prenunciam também o seu completo emudecer. Até mesmo em seu estado de espírito arrebatado penetra aquilo que é aparente — as aparências que reinam na vida da autora do diário. Pois se o perigo do diário como tal reside em revelar prematuramente na alma os gérmens da recordação e impedir a maturação de seus frutos, então tal perigo deve tornar-se necessariamente fatal quando a vida espiritual se expressa apenas no diário. E, ainda assim, toda a força da existência interiorizada provém, em última instância, da recordação. Só ela garante ao amor sua alma. É essa alma que respira na recordação goethiana: "Ah, foste em tempos já vividos/ Minha irmã ou minha mulher".[45] E assim como, em tal associação, até a própria beleza sobrevive como recordação, sem esta a beleza, mesmo florescendo, não é essencial. Testemunham-no as palavras do *Fedro* platônico: "Quem acabou de ser iniciado e é um daqueles que muito contemplaram no além, ao avistar a figura de um corpo ou um rosto divino que imita bem a beleza, será acometido primeiro, rememorando as aflições então vivenciadas, de

---

[45] Versos tomados ao poema "A Charlotte von Stein" (1776). No original: "*Ach, du warst in abgelebten Zeiten/ Meine Schwester oder meine Frau*". (N. da E.)

consternação; mas em seguida, encarando-a de frente, reconhece a sua essência e a reverencia como a um Deus, pois a recordação, elevada à ideia de beleza, contempla-a por sua vez como estando em solo sagrado ao lado da ponderação".[46]

A existência de Ottilie não desperta uma tal lembrança; nessa existência a beleza permanece realmente como algo primeiro e essencial. Toda a sua impressão favorável "provém somente da aparência; a despeito das inúmeras páginas do diário, sua essência interior permanece fechada, mais fechada do que qualquer personagem feminina de Heinrich von Kleist". Nessa percepção, Julian Schmidt coincide com uma crítica antiga que declara com uma determinação peculiar: "Essa Ottilie não é uma filha legítima do espírito do poeta, mas sim concebida de maneira pecaminosa, numa recordação dupla de Mignon e de um velho quadro de Masaccio ou Giotto". De fato, as fronteiras do épico com a pintura são transgredidas na figura de Ottilie. Pois a manifestação do belo como conteúdo essencial em um ser vivo situa-se mais além da esfera do material épico. E, contudo, ela encontra-se no centro do romance. Pois não é dizer muita coisa quando se caracteriza a força de convicção da beleza de Ottilie como condição básica para a sua participação no romance. Enquanto o mundo do romance existir, a beleza não deve desaparecer: o ataúde em que jaz a jovem não é fechado. Nessa obra, Goethe afastou-se muitíssimo do famoso modelo homérico de representação épica da beleza. Pois não apenas a própria Helena, ao zom-

---

[46] Essa citação do *Fedro* condensa duas passagens tomadas ao segundo discurso proferido por Sócrates: a primeira é oriunda das explanações referentes ao "efeito da beleza sobre aquele que foi iniciado em sua essência"; a segunda passagem advém da grande metáfora sobre a natureza dos dois corcéis da alma, mais precisamente do segmento sobre a "domesticação do corcel indômito". (N. da E.)

bar de Páris, mostra-se mais decidida do que jamais se mostrou Ottilie em suas palavras; mas, sobretudo na representação de sua beleza, Goethe não seguiu a famosa regra retirada dos discursos de admiração que pronunciam os anciãos reunidos sobre a muralha. Os epítetos distintivos que, mesmo contra as regras da forma romanesca, são atribuídos a Ottilie só servem para afastá-la do plano épico, no qual o poeta reina, e para conferir a ela uma estranha vitalidade, pela qual ele não é responsável. Dessa maneira, quanto mais distante ela se encontra da Helena de Homero, mais próxima está da Helena goethiana.[47] Envolta, como ela, em inocência ambígua e beleza aparente, Ottilie encontra-se na expectativa da morte expiatória. E invocação mágica também desempenha um papel na sua aparição.

Em face da figura episódica da heroína grega, Goethe guardou uma maestria consumada, uma vez que iluminou na forma de uma representação dramática até mesmo a invocação — nesse sentido, não parece de modo algum ser obra do acaso que aquela cena, na qual Fausto deveria solicitar de Perséfone a entrega de Helena, jamais tenha sido escrita.[48] Nas *Afinidades eletivas*, porém, os princípios demoníacos da invocação irrompem bem no âmago da própria criação poética. Pois o que é invocado é

---

[47] Benjamin refere-se aqui à figura de Helena que assoma no início do terceiro ato do *Fausto II*. Do monólogo inicial da bela heroína grega, proferido na cena "Diante do palácio de Menelau em Esparta", já se depreende a sugestão de iminente "morte expiatória", isto é, a ameaça de vingança que, nas insinuações de Mefistófeles (sob a máscara mitológica de Fórquias — versos 8.014-33), estaria sendo arquitetada pelo esposo magoado (Menelau). (N. da E.)

[48] Nos planos originais de Goethe, Fausto — como um "segundo Orfeu" — deveria proferir diante de Perséfone, deusa dos mundos ínferos, um discurso comovente, com a finalidade de resgatar Helena e trazê-la de volta à luz do sol. (N. da E.)

sempre apenas uma aparência — em Ottilie, a beleza viva que se impôs com força, de forma misteriosa e não purificada, como "matéria" no sentido mais poderoso. Assim se confirma a qualidade própria do Hades que o autor confere aos acontecimentos: diante do fundamento profundo de seu dom poético, encontra-se ele como Odisseu com a espada desembainhada diante da cova cheia de sangue e, como este, repele as sombras sedentas para só tolerar aquela cuja fala despojada ele busca.[49] Essa fala é um sinal da origem fantasmagórica de Ottilie. Origem esta que gera o elemento que transluz de maneira peculiar, o elemento por vezes precioso em sua apresentação e execução. Essa tendência ao estereótipo encontrável na estrutura da segunda parte do romance, que por fim foi ampliada significativamente após o concluimento da concepção básica, aparece insinuada também no estilo, em seus inúmeros paralelismos, comparações e restrições, tão próximos do modo de escrever que Goethe cultivava na velhice. É nesse sentido que Görres declara a Arnim que muita coisa nas *Afinidades eletivas* se lhe afigurava "como que encerada, e não entalhada". Uma formulação que parece se aplicar especialmente às máximas da sabedoria de vida. Mais problemáticos ainda são os aspectos que, de maneira alguma, podem abrir-se à intenção puramente receptiva: aquelas correspondências que se abrem tão somente a uma investigação de ordem filológica, completamente afastada da questão estética. É certo que, em tais correspondências, a representação invade o âmbito das fórmulas invocatórias. É por isso que lhe faltam tão frequentemente a momentaneidade última e o caráter definitivo da vivificação artística: a forma. No

[49] Alusão à aventura de Odisseu no Hades, tal como narrada no capítulo XI da *Odisseia*. A fala que busca Odisseu no mundo dos mortos é a do adivinho Tirésias. (N. da E.)

romance, essa forma não constrói apenas figuras que, com bastante frequência e por vontade própria, apresentam-se informes como figuras míticas, mas também as complementa brincando de modo delicado, como que esboçando arabescos em torno delas, e com todo direito as dissolve. Pode-se ver o efeito produzido pelo romance como expressão de sua problemática inerente. O que o diferencia de outros romances que encontram a melhor parte, ainda que não o ponto mais elevado do seu efeito, no sentimento imparcial do leitor, é que ele tem de atuar sobre esse sentimento de maneira altamente confusa. Uma influência turva, que em ânimos afins pode intensificar-se até a um entusiasmo arrebatador e, em ânimos mais distanciados, até a uma consternação encrespada, foi desde sempre própria desse romance, e à sua altura está tão somente a razão incorruptível, sob cuja proteção o coração pode entregar-se à beleza assombrosa, magicamente invocada, das *Afinidades eletivas*.

Invocação pretende ser o contraponto negativo da criação. Também ela afirma construir o mundo a partir do nada. A obra de arte não tem nada em comum com nenhuma delas. Não é do nada que ela surge, mas sim do caos. Deste, contudo, a obra de arte não irá desentranhar-se tal como faz o mundo criado segundo o idealismo da teoria da emanação. A criação artística não "faz" nada a partir do caos, ela não o penetra; do mesmo modo, tampouco permitirá o mesclar-se da aparência, como o faz na verdade a invocação mágica, a partir dos elementos desse caos. É isso que a fórmula realiza. A forma, todavia, como num encantamento converte o caos em mundo por um instante. Por isso, nenhuma obra de arte, completamente livre desse encantamento, pode aparentar estar viva sem tornar-se mera aparência e deixar de ser obra de arte. A vida que se agita nela deve aparecer paralisada e como que aprisionada por um instante num encantamento. O elemento nela existente é mera beleza, mera harmonia que inunda o caos — e, na verdade, apenas o caos, não o mundo —, mas que, ao inundá-lo, só aparenta dar-lhe vida. O que põe termo a essa aparência, o que prescreve o movimento e obsta a harmonia é o sem-expressão.[50] Aquela vida funda o mistério, este enrijecimento funda o conteúdo na obra. Assim como a interrupção por meio da palavra imperativa consegue arrancar a verdade do subterfúgio feminino precisamente no momento em que o interrompe, o sem-expressão obriga a trêmula harmonia a deter-se e eterniza através de seu protesto o tremor dela. Nessa eternização o belo é obrigado a justificar-se, mas agora parece ser interrompido exatamente nessa justificação, e obtém assim a eternidade de seu conteúdo justamente por uma dádiva daquele protesto. O sem-expressão é o poder crítico que, mesmo não podendo separar aparência e essência na arte, impede-as de se misturarem. Ele tem esse poder enquanto palavra moral. No sem-expressão aparece o poder sublime do verdadeiro, na mesma medida em que ele determina a linguagem do mundo real de acordo com as leis do mundo moral. É o sem-expressão que destrói aquilo que ainda sobrevive em toda aparência bela como herança do caos: a totalidade falsa, enganosa — a totalidade absoluta. Só o sem-expressão consuma a obra que ele despedaça, fazendo dela um fragmento do mundo verdadeiro, torso de um símbolo. Como categoria da linguagem e da arte, não da obra ou dos gêneros literários, o sem-expressão não pode ser definido de modo mais rigoroso do que mediante uma pas-

[50] O "sem-expressão" está traduzindo aqui o termo *das Ausdruckslose*: o carente ou desprovido de expressão, o "não-expressivo". Na sequência, Benjamin buscará elucidar essa "categoria da linguagem e da arte" mediante algumas palavras de Hölderlin ensejadas por sua tradução da tragédia sofocliana *Rei Édipo*. (N. da E.)

sagem dos comentários de Hölderlin ao *Édipo*,[51] a qual ainda não parece ter sido reconhecida em seu significado fundamental, que extrapola a teoria da tragédia e mostra-se válida para a teoria da arte de uma maneira geral. Tal passagem diz: "O transporte trágico é, na verdade, vazio e o mais desvinculado possível. — Desse modo, na sequência rítmica das representações em que o transporte se apresenta, torna-se necessário isso que se denomina na métrica de cesura, a palavra pura, a interrupção contrarrítmica, para fazer frente à mudança rápida das representações em seu ponto mais alto, de tal maneira que apareça não mais a mudança da representação, mas sim a própria representação". A "sobriedade junonal do ocidente" que Hölderlin, alguns anos antes de escrever as palavras mencionadas, apresentava como meta quase inalcançável de toda prática artística alemã é apenas uma outra denominação daquela cesura, na qual, simultaneamente com a harmonia, toda expressão se detém para dar lugar a um poder que é, no âmbito de todo meio artístico, sem expressão. Tal poder jamais foi mais evidente do que na tragédia grega, de um lado, e nos hinos de Hölderlin, de outro lado. Perceptível na tragédia como o emudecer do herói, nos hinos como protesto dentro do ritmo. Sim, não se poderia definir de modo mais preciso esse ritmo do que com a afirmação de que algo para além do poeta interrompe a linguagem da poesia. Eis aqui o motivo "por que um hino raramente (e, com plena razão, talvez jamais) será chamado de 'belo'". Se naquela lírica é o sem-expressão, na lírica de Goethe é a beleza que surge até o limite daquilo que pode ser apreendido numa obra. O que se move para

[51] Friedrich Hölderlin ocupou-se intensamente com o *Rei Édipo*, de Sófocles, e em 1804 publicou a sua tradução da tragédia; traduziu para o alemão também *Antígona*, assim como hinos de Píndaro. (N. da E.)

além desse limite é, em uma direção, fruto da loucura, e, na outra direção, a aparição invocada. E, nesta direção, a literatura alemã não pode atrever-se a dar um passo à frente de Goethe sem cair irremissivelmente em um mundo de aparências cujas imagens mais sedutoras Rudolf Borchardt[52] evocou. De fato, não faltam evidências de que mesmo a obra de Goethe, mestre de Borchardt, nem sempre escapou à tentação, a mais próxima de seu *Genius*, de invocar a aparência.

Desse modo, Goethe recorda ocasionalmente o seu trabalho no romance com as seguintes palavras: "Já se é bastante feliz quando se pode, nestes tempos agitados, refugiar-se na profundeza de tranquilas paixões". Se aqui o contraste entre superfície agitada e profundeza tranquila só de modo fugaz pode lembrar a água, tal comparação encontra-se mais explícita em Zelter. Em uma carta tratando do romance ele escreve a Goethe: "Enfim, apropriado aqui é o modo de escrever comparável ao claro elemento cujos lestos habitantes nadam desordenadamente, arremessam-se para cima e para baixo cintilando e lançando sombras, sem se desviarem ou se perderem". O que Zelter explicita assim de maneira nunca suficientemente valorizada evidencia como o estilo do poeta, um estilo aprisionado em fórmulas, possui afinidades com o reflexo aprisionador na água. E, para além de questões estilísticas, indica o significado daquele "lago recreativo" e, finalmente, o conteúdo de sentido da obra toda. Assim como a alma aparente mostra-se ali ambígua, atraindo com

[52] Rudolf Borchardt (1877-1945): escritor e poeta *doctus* de estilo neorromântico. Como Gundolf, participou durante certo período dos encontros e discussões promovidos pelo círculo de Stefan George. Borchardt trabalhou, ao longo de décadas, na tradução da *Divina Comédia*, desenvolvendo para essa tarefa um alemão próprio, fundamentado no que chamou de "restauração criativa" da linguagem poética. (N. da E.)

transparência inocente e conduzindo abaixo em direção da mais profunda escuridão, também a água participa dessa magia singular. Pois, por um lado, a água é o negro, escuro, insondável; mas, por outro, é o reflexivo, o claro e o que aclara. O poder dessa ambiguidade, que já havia sido tema do poema "O pescador", tornou-se dominante na essência da paixão nas *Afinidades eletivas*. Se, dessa maneira, a ambiguidade conduz ao centro do romance, por outro lado volta a remeter à origem mítica da imagem que ele apresenta como vida bela e permite que essa imagem seja reconhecida com absoluta clareza. "No elemento do qual a deusa" — Afrodite — "adveio, a beleza parece sentir-se verdadeiramente em casa. É louvada junto a rios caudalosos e fontes; Schönfliess[53] chama-se uma das Oceânides; entre as Nereidas destaca-se a bela figura de Galateia, e dos deuses do mar surgem, em grande número, as filhas de belos pés. O elemento fluido, que inicialmente banha os pés daquelas que nele adentram, umedece os pés das deusas doando-lhes beleza; e Tétis, de pés de prata, permanece por todos os tempos o modelo segundo o qual a fantasia poética dos gregos desenha essa parte do corpo em suas figuras [...] Hesíodo não dispensa beleza a nenhum homem ou deus concebido como masculino; também aqui a beleza não denota nenhum tipo de valor interior. Ela aparece relacionada predominantemente à forma exterior da mulher, relacionada a Afrodite e às formas oceânicas de vida." Se assim — segundo a *Estética da Antiguidade*, de Walter — a origem de uma mera vida bela reside, em consonância com as indicações do mito, no mundo do ondear harmônico-caótico, então é ali que um sentimento mais profundo procurou a origem de Ottilie.

---

[53] *Schönfliess* significa algo como "bela correnteza"; é também o sobrenome que Benjamin porta pelo lado materno (Schöenflies). (N. da E.)

Naquele ponto em que Hengstenberg menciona com hostilidade a maneira de Ottilie "alimentar-se como uma ninfa", em que Werner menciona tateante "as ninfas do mar terrivelmente ternas" — neste ponto, Bettina tocou de maneira incomparavelmente segura a correlação mais íntima: "Estás apaixonado por ela, Goethe; há tempos eu já suspeitava. Essa Vênus adveio do mar rumorejante da tua paixão, e depois de lançar uma semeadura de pérolas de lágrimas, ela desaparece novamente num resplendor sobrenatural".

Com a qualidade de aparentar que define a beleza de Ottilie, a insubstancialidade ainda ameaça a salvação que os amigos extraem de suas lutas. Pois se a beleza é aparente, também o é a reconciliação que ela promete de modo mítico no viver e no morrer. Seu sacrifício, bem como seu florescimento, seria em vão; o seu reconciliar seria apenas uma aparência de reconciliação. Verdadeira reconciliação há efetivamente apenas com Deus. Enquanto nesta o indivíduo se reconcilia com Deus e, dessa maneira, faz as pazes com os homens, é próprio da reconciliação aparente esse querer fazer as pazes entre si e somente assim reconciliar-se com Deus. Mais uma vez, a relação entre a reconciliação aparente e a verdadeira atinge a oposição entre romance e novela. Pois é para esse ponto que conflui por fim a briga singular que envolve os amantes em sua juventude: ponto em que o amor, por arriscar a vida em prol da verdadeira reconciliação, consegue obtê-la e, com ela, a paz em que sua aliança amorosa perdura. Uma vez, porém, que a verdadeira reconciliação com Deus só é possível àquele que nela — tanto quanto está em seu poder — destrua tudo, para só então, diante da face reconciliada de Deus, encontrar tudo ressurgido — por esse motivo um salto que desafia a morte caracteriza aquele momento em que os jovens amantes, cada um por si só perante Deus, empenham-se em nome da reconciliação. E tão somente em tal prontidão para a reconciliação, uma vez feitas as pazes, eles se conquistam um ao outro. Pois a reconciliação, tão acima das coisas deste mundo e tão pouco concreta para a obra de arte, tem na conciliação dos homens entre si o seu reflexo mundano.[54] Comparada a ela, como ficam para trás a indulgência nobre, essa tolerância e delicadeza que ao fim e ao cabo só fazem aumentar a distância na qual as figuras do romance sabem que se encontram. Pois uma vez que sempre evitam o confronto aberto, cuja desmedida Goethe não receou representar mesmo no ato violento de uma moça, a conciliação tem de permanecer distante das personagens do romance. Tanto sofrimento, tão pouca luta. Daí o silêncio de todos os afetos. Eles jamais se exteriorizam como hostilidade, sede de vingança, inveja, mas também não vivem enquanto lamento, vergonha e desespero no íntimo das personagens. Pois como seria possível comparar com a ação desesperada da jovem rejeitada o sacrifício de Ottilie, o qual coloca nas mãos de Deus não o bem mais precioso, mas sim o fardo mais pesado, antecipando o desígnio divino. Por isso todo elemento aniquilador da verdadeira reconciliação falta inteiramente à sua aparência, do mesmo modo como tudo o que é doloroso e violento mantém-se, na medida do possível, distante do tipo de morte de Ottilie. E não só por meio disso, uma prudência ímpia impõe a ausência ameaçadora de paz a todos aqueles que são por demais pacíficos. Pois o que o autor oculta centenas de vezes resulta de forma suficientemente simples do andamento do todo: o fato de que, segundo as leis morais, a paixão perde todo seu direito e

---

[54] Benjamin opera, nesse segmento do ensaio, com os termos *Versöhnung*, traduzido aqui como "reconciliação", e *Aussöhnung*, traduzido como "conciliação" e, enquanto verbo reflexivo (*sich aussöhnen*), "fazer as pazes". (N. da E.)

toda sua felicidade ao buscar o pacto com a vida burguesa, a vida abastada, segura. É esse o abismo sobre o qual o autor pretende em vão fazer com que suas personagens marchem, envoltas em segurança sonâmbula, pela estreita passarela da pura civilidade humana. Aquela nobre sujeição e controle não são capazes de substituir a clareza que o poeta certamente soube afastar tanto de si mesmo como das personagens. (Neste ponto, Adalbert Stifter é o seu epígono consumado.) No mudo constrangimento que encerra esses seres na esfera da moral humana, burguesa inclusive, esperando salvar-lhes ali a vida da paixão, reside o obscuro crime que exige sua obscura expiação. No fundo, eles fogem do veredicto do direito, o qual ainda tem poder sobre eles. Se, a julgar pelas aparências, eles estão desobrigados do direito por sua natureza nobre, na realidade apenas o sacrifício consegue salvá-los. Por esse motivo não lhes cabe a paz que a harmonia deve lhes emprestar; sua arte de vida, de escola goethiana, torna a atmosfera abafada ainda mais sufocante. Pois aqui reina a calma anterior à tormenta; na novela, reinam a tempestade e a paz. Enquanto o amor guia os amantes reconciliados, aos outros só resta a beleza enquanto aparência de reconciliação.

Para os que se amam de verdade, a beleza do amado não é o decisivo. Se foi a beleza que inicialmente os atraiu um ao outro, por causa de esplendores maiores eles sempre se esquecerão dela, mas certamente para sempre e sempre, até o final, voltarem a se recordar dela. Com a paixão é diferente. Qualquer diminuição da beleza, por mais fugaz que seja, faz com que a paixão se desespere. Pois só para o amor o bem mais precioso é a bela mulher; para a paixão, o bem mais precioso é a mais bela mulher. Apaixonada é também a desaprovação com a qual os amigos se afastam da novela. Para eles o abandono da beleza é de fato insuportável. Aquela selvageria que desfigura a jovem da novela também não é a selvageria vazia e destrutiva de Luciane, mas sim aquela premente e salutar de uma criatura mais nobre; por mais que o encanto se una à selvageria, esta é suficiente para conferir-lhe uma natureza estranha, é suficiente para roubar-lhe a expressão canônica da beleza. Essa jovem não é essencialmente bela, Ottilie o é. Ao seu modo, também o é Eduard; não é à toa que se elogia a beleza desse par. Contudo, o próprio Goethe não só empregou todo o poderio imaginável de suas possibilidades para conjurar essa beleza — inclusive extrapolando os limites da arte —, como também sugere, com o mais leve toque, que se intua no mundo dessa beleza suave e velada o centro da obra. Com o nome de Ottilie ele aponta para a santa à qual, enquanto padroeira dos que sofrem dos olhos, foi consagrado um convento em Odilenberg,[55] na Floresta Negra. O poeta chama-lhe um "consolo para os olhos" dos homens que a veem; de fato, também se pode recordar em seu nome a luz suave que é o alívio para os olhos enfermos e a pátria de toda aparência em si mesma. A essa luz ele opôs o brilho que esplandece dolorosamente no nome e na figura de Luciane; e o seu mundo solar e amplo, opôs ao mundo de Ottilie, lunar e secreto. Mas do mesmo modo como, ao lado da doçura de Ottilie, coloca não apenas a falsa selvageria de Luciane, mas também a selvageria verdadeira da jovem na novela, assim também a suave centelha de sua essência está disposta justamente entre o brilho hostil e a luz só-

[55] Localizado na Alsácia, o *Odilenberg* (para os franceses, *Mont Sainte-Odile*) eleva-se 763 metros sobre o vale do Reno e em seu topo encontra-se um convento instituído no século VII pela filha de um conde merovíngio chamada Otília, a qual, morta por volta do ano 720, passou a ser considerada a santa padroeira da Alsácia. Em julho de 1771, Goethe participou de uma grande peregrinação a esse monte, experiência cujas impressões ele descreve na autobiografia *Poesia e verdade* (III, 11). (N. da E.)

bria. O ataque furioso do qual fala a novela estava dirigido contra a vista do amado; o caráter desse amor, avesso a toda aparência, não poderia ser delineado com mais rigor. A paixão permanece cativa sob o encanto das aparências e, por si mesma, não é capaz de oferecer apoio aos desvairados, nem mesmo no caso de fidelidade. Entregue como está à beleza sob toda e qualquer aparência, o componente caótico da paixão tem de irromper de maneira devastadora, a menos que venha ao seu encontro um elemento mais espiritualizado, capaz de suavizar a aparência. Esse elemento é a afeição.

Na afeição o ser humano se desvincula da paixão. A lei essencial que determina a afeição assim como toda desvinculação da esfera da aparência e a passagem para o reino da essência — essa lei proclama que a transformação se processe paulatinamente, até mesmo sob uma última e extrema intensificação da aparência. Desse modo, a paixão, também no surgimento da afeição, parece converter-se, mais do que antes e de maneira plena, em amor. Paixão e afeição são os elementos de todo amor aparente, que se revela distinto do amor verdadeiro não no fracasso do sentimento, mas sim unicamente em sua impotência. E, assim, deve ser explicitado que não é o verdadeiro amor que vigora entre Ottilie e Eduard. O amor só se torna pleno quando, elevando-se acima de sua natureza, é salvo pela intervenção divina. Dessa forma, o fim obscuro do amor, cujo *Daimon* é Eros, não é um fracasso evidente, mas sim o validamento da imperfeição mais profunda, a qual se ajusta à natureza do próprio homem. Pois é essa imperfeição que veda ao ser humano a consumação do amor. Por isso, em todo ato de amar, que só a natureza humana determina, surge a afeição como a verdadeira obra de *Eros thanatos*: o reconhecimento de que o ser humano não pode amar. Enquanto em todo amor redimido, em todo amor verdadeiro, a paixão, assim como a afeição, permanece secundária, a história da afeição e a passagem de uma para a outra constituem a essência de Eros. É óbvio que culpar os amantes, como se atreve a fazer Bielschowsky, não leva a esse resultado. No entanto, nem mesmo o seu tom banal impede que a verdade seja reconhecida. Depois de ter indicado o mau comportamento de Eduard, inclusive seu egoísmo desenfreado, ele pronuncia as seguintes palavras sobre o amor firme de Ottilie: "É possível que na vida se possa encontrar vez por outra um tal fenômeno anormal. Mas então damos com os ombros e dizemos: não compreendemos. Oferecer uma explicação dessa ordem perante uma criação literária significa a sua mais severa condenação. Na literatura queremos e precisamos compreender. Pois o poeta é o criador. Ele cria as almas". Em que medida isso pode ser admitido, permanecerá decerto algo extremamente problemático. É inequívoco, porém, que essas personagens goethianas não podem aparecer como figuras criadas, tampouco puramente construídas, mas antes como figuras conjuradas. É exatamente daí que advém a espécie de obscuridade alheia às configurações artísticas e que só pode ser penetrada por quem conheça a sua essência na aparência. Pois a aparência não apenas está representada nesta obra, mas se encontra também na própria representação da obra. Somente por isso a aparência pode significar tanto; somente por isso a representação significa tanto. Nada revela de maneira mais concludente a ruptura desse amor do que o fato de que todo amor alicerçado sobre si mesmo deve tornar-se senhor do seu próprio mundo: seja em seu desfecho natural, na morte comum (rigorosamente simultânea), seja em sua duração sobrenatural, no casamento. Goethe expressou esse fato na novela, uma vez que o instante da prontidão de ambos para a morte doa aos amantes, mediante a vontade divina, a nova vida, sobre a qual os antigos direitos perdem seu poder. Ele mostra aqui a vida de ambos salva exatamente no sentido em que o casamento preserva-a aos devotos; nesse casal Goethe representou o poder do verdadeiro amor, que ele não se permitiu expressar de forma religiosa. No romance, ao contrário, encontra-se nesse âmbito da vida o duplo fracasso. Enquanto uns vão morrendo no isolamento, o casamento continua vedado aos sobreviventes. O desfecho do romance deixa o Capitão e Charlotte como sombras no limbo. Já que em nenhum dos casais o poeta pôde fazer vigorar o verdadeiro amor, que deveria ter explodido esse mundo das aparências, nas figuras da novela ele conferiu à sua obra, de um modo discreto mas inconfundível, o emblema do verdadeiro amor.

A norma jurídica assenhoreia-se do amor vacilante. O casamento entre Eduard e Charlotte, inclusive em decadência, traz a morte para um tal amor, uma vez que nesse casamento está inserida — mesmo que seja em deformação mítica — a grandeza da decisão da qual a eleição jamais está à altura.[56] E é sobre essa eleição que o título do romance emite o seu julgamento — ao que parece, de uma forma quase inconsciente para Goethe. Pois no anúncio que escreveu para o romance ele procura resgatar o conceito de eleição para o pensamento moral. "Parece que seus reiterados trabalhos de física conduziram o autor a esse insólito título. Talvez ele tenha notado que nas ciências naturais com muita frequência são utilizadas comparações éticas a fim de trazer para mais perto algo que está muito afastado do âmbito do conhecimento humano; e, assim, quis ele também, em um caso moral, conduzir uma metáfora química de volta à sua origem espiritual, já que de fato há por toda parte apenas Uma Natureza, e também pelo reino da serena liberdade racional perpassam irrefreáveis os vestígios de uma turva necessidade apaixona-

---

[56] "Eleição" (ou "escolha") corresponde aqui a *Wahl* (ver nota 15). (N. da E.)

da, os quais apenas por intermédio de uma mão superior — e talvez não nesta vida — podem ser completamente extintos." Mas, porventura de modo mais claro do que estas frases que em vão parecem buscar no reino da serena liberdade racional o reino de Deus, onde os amantes habitam, fala a mera palavra empregada. "Afinidade" já é em si e por si a palavra mais pura que se pode conceber para designar, com base tanto em seu valor quanto em seus motivos, o vínculo humano mais íntimo. E, no casamento, a palavra torna-se suficientemente forte para conferir um caráter literal àquilo que é metafórico. Esse fato nem pode ser reforçado através da eleição, nem o elemento espiritual de uma tal afinidade poderia, em especial, estar fundado na eleição. Essa presunção rebelde, porém, é comprovada do modo mais irrefutável pelo duplo sentido do termo "eleição", que não deixa de significar concomitantemente, junto com o que é apreendido no ato de eleger, o próprio ato da eleição.[57] Cada vez, porém, que a afinidade se converte no objeto de uma resolução, ela transcende o nível da eleição em direção à decisão. Esta aniquila a eleição a fim de instituir a fidelidade: tão somente a decisão, não a eleição, está inscrita no livro da vida. Pois a eleição é natural e pode até pertencer aos elementos; a decisão é transcendente. — Só porque àquele amor ainda não se destina o mais alto direito, somente por isso cabe a esse casamento um poder tanto maior. Contudo, o poeta jamais quis atribuir minimamente ao casamento em declínio um direito próprio. O casamento não pode, em nenhum sentido, ser o centro do romance. Nesse ponto também Hebbel, assim como inúmeros outros, encontrava-se totalmente equivocado ao dizer: "Nas *Afinidades eletivas* de

---

[57] O substantivo feminino *Wahl* designa tanto o objeto da eleição, o que foi eleito, como o próprio processo de eleger, escolher. (N. da E.)

Goethe um aspecto permaneceu de fato abstrato; trata-se do fato de que o incomensurável significado do casamento para o Estado e a humanidade é delineado como que num arrazoado, mas não é levado à evidência no âmbito da representação, o que teria sido igualmente possível e, ainda, teria reforçado em muito a impressão do conjunto da obra". E, já antes, no prólogo ao drama *Maria Magdalena*, escrevera Hebbel: "Eu não saberia explicar a mim mesmo como Goethe, que era um artista completo, um grande artista, pôde cometer, nas *Afinidades eletivas*, uma tal falta contra a forma interior: não muito diferente de um dissecador distraído, que traz para o teatro anatômico um autômato em vez de um corpo de verdade, ele coloca no centro de sua representação um casamento vazio já 'em sua raiz', um casamento até mesmo imoral, como é o caso desse entre Eduard e Charlotte, tratando e usando esse relacionamento como se fosse totalmente o oposto, um relacionamento plenamente legítimo". Deixando de lado o fato de que o casamento não é o centro da ação, mas sim um meio — Goethe não o fez aparecer desse modo e não quis que aparecesse como Hebbel o concebe. Pois ele terá sentido muito a fundo que, "em sua raiz", nada poderia ser dito a respeito do casamento, que a sua moralidade só poderia mostrar-se como fidelidade, e que apenas como infidelidade poderia mostrar-se a sua imoralidade. Muito menos que a paixão pudesse constituir o seu fundamento. De maneira trivial, ainda que não errônea, diz o jesuíta Baumgartner: "Eles amam-se, mas sem aquela paixão que, para as naturezas doentias e sensíveis, constitui o único atrativo da vida". No entanto, a fidelidade conjugal não está, por esse motivo, menos condicionada. Ela está condicionada no duplo sentido: tanto através de um condicionante necessário quanto de um condicionante suficiente. O primeiro está no fundamento da decisão. Ela não é certamente mais arbitrária pelo fato de a paixão não ser o seu critério. Pelo contrário, esse critério reside de modo ainda mais inequívoco e rigoroso no caráter da experiência que a precede. Capaz de sustentar a decisão é apenas a experiência que, estando além de todo acontecimento e de toda comparação posteriores, revela-se essencialmente singular e única àqueles que a experimentam, ao passo que toda tentativa de fundamentar a decisão na vivência conduz as pessoas íntegras, mais cedo ou mais tarde, ao fracasso. Se essa condição necessária de fidelidade conjugal está dada, então o cumprimento do dever é o nome da condição suficiente. Só quando uma das duas condições pode existir sem dúvida alguma, pode-se explicitar a causa da ruptura do casamento. Somente então fica claro se a ruptura é necessária "em sua raiz", se ainda é possível esperar salvação por intermédio de uma reversão. E, com isso, aquela história antecedente, que Goethe engendrou para o romance, apresenta-se como testemunho do sentimento mais infalível. Eduard e Charlotte, no passado, já haviam se amado, mas não obstante contraíram matrimônios fúteis antes de se unirem. Tão somente dessa maneira pôde ficar em suspenso a questão de onde residiria, na vida dos cônjuges, o passo em falso: se na indecisão de outrora ou se na infidelidade do presente. Pois Goethe precisava manter a esperança de que uma ligação, já uma vez vitoriosa, estaria também agora destinada a perdurar. No entanto, dificilmente terá escapado ao poeta o fato de que esse casamento não poderia, nem como forma jurídica nem como convenção burguesa, enfrentar a aparência sedutora. Essa possibilidade estaria dada ao casamento apenas no sentido da religião, no qual até casamentos "piores" que o de Eduard e Charlotte têm sua existência inviolável. Por conseguinte, o fracasso de todas as tentativas de aproximação do casal é motivado de modo particularmente profundo pelo fato de que elas partem de um homem que, ao abandonar as ordens sacras, renunciou ao poder e ao direito que unicamente podem justificar tais tentativas.[58] Mas, como a união já não é concedida ao casal, ao final triunfa a indagação que, desculpando, tudo acompanha: não terá sido isso apenas a libertação de um empreendimento equivocado desde o princípio? Seja como for, esses seres humanos foram arrancados da órbita do casamento a fim de encontrar a sua essência sob outras leis.

Mais salutar do que a paixão, porém não mais benéfica, também a afeição só conduz à ruína os que renunciaram àquela. Contudo, a afeição não arruína, como a paixão, os seres solitários. Sem separar-se dos amantes, ela os acompanha na descensão; conciliados, eles alcançam o fim. Nesse último percurso, eles voltam-se para uma beleza que já não está mais aprisionada às aparências e se encontram no âmbito da música. "Conciliação" chamou Goethe àquele terceiro poema da "Trilogia"[59] — poema no qual a paixão se apazigua. É "a felicidade dobrada dos sons assim como do amor" que ilumina aqui o atormentado — de modo algum como coroação, mas sim como o primeiro pressentimento vago, como uma tênue luz matinal ainda quase sem esperanças. A música conhece a conciliação no amor, e por esse motivo o último poema da "Trilogia" é o único a trazer uma

---

[58] Benjamin alude aqui à figura de Mittler, o qual exercera as funções de pastor antes de abrir-se a história narrada nas *Afinidades eletivas*. Abandonou essa profissão após tirar a sorte grande na loteria; a partir de então, sua paixão é intervir, como "mediador", em todos os casos de conflito matrimonial, evitando assim os lares em que reina harmonia. Suas intervenções revelam-se, porém, muito mais desastrosas do que benéficas. (N. da E.)

[59] Sob o título "Trilogia da paixão", Goethe reuniu em 1825, para a edição do terceiro volume de suas obras (*Ausgabe letzter Hand*), os poemas "A Werther", escrito em março de 1824, "Elegia", de setembro de 1823, e "Conciliação", de agosto de 1823. (N. da E.)

dedicatória, enquanto o "deixai-me a sós" da paixão escapa à "Elegia" na sua epígrafe e em sua conclusão.[60] Reconciliação, porém, que permaneceu no domínio do mundano, teve já por isso de desvelar-se como aparência, e isso certamente ao apaixonado para quem a aparência por fim turvou-se. "O mundo augusto — como foge aos sentidos!" "Levanta-se então a música com asas angelicais", e só agora a aparência promete retroceder completamente, só agora a turvação torna-se desejada e plena. "Marejado o olhar, sente no anelo superior/ O valor divino dos sons e o das lágrimas."[61] Essas lágrimas, que ao som da música enchem os olhos, subtraem-lhes o mundo visível. Com isso, delineia-se a profunda correlação que parece ter guiado um breve comentário de Hermann Cohen, de todos os intérpretes aquele que sem dúvida melhor compreendeu os sentimentos do velho

---

[60] O último poema da trilogia (mas o primeiro a ser redigido) tinha originalmente por título "A *madame* Marie Szymanowska", pianista polonesa a quem se dirige a dedicatória a que se refere Benjamin. O "deixai-me a sós" que estaria presente na epígrafe da "Elegia" (e também em sua última estrofe) é uma citação que Goethe tomou ao seu drama *Torquato Tasso* (1790): "*Und wenn der Mensch in seiner Qual verstummt,/ Gab mir ein Gott zu sagen, wie ich leide*" [E enquanto o homem emudece em seu tormento,/ A mim um deus concedeu dizer tudo o que sofro]. (N. da E.)

[61] Benjamin cita nesse trecho cinco versos do poema "Conciliação": "A felicidade dobrada dos sons assim como do amor" é o verso que fecha o poema (*Das Doppelglück der Töne wie der Liebe*). "O mundo augusto — como foge aos sentidos!" (*Die hehre Welt, wie schwindet sie den Sinnen!*) encerra a primeira estrofe e "Levanta-se então a música com asas angelicais" (*Da schwebt hervor Musik mit Engelschwingen*) inicia a segunda. Os versos citados por último estão no fecho da segunda estrofe: "Marejado o olhar, sente no anelo superior/ O valor divino dos sons e o das lágrimas" (*Das Auge netzt sich, fühlt im höhern Sehnen/ Den Götterwert der Töne wie der Tränen*). (N. da E.)

Goethe. "Tão somente o poeta lírico, que em Goethe atinge a plenitude, somente o homem que semeia lágrimas, as lágrimas do amor infinito, somente ele pôde conferir ao romance essa unidade." É verdade que isso não vai além de algo intuído e, a partir de tal ponto, também não se mostra nenhum caminho que leve adiante a interpretação. Pois disso só é capaz a percepção de que aquele amor "infinito" é muito menos do que o amor singelo, do qual se diz que perdura além da morte — a percepção, ainda, de que é a afeição que conduz à morte. Mas é nesse âmbito que atua a essência da afeição e, pode-se dizer, anuncia-se a unidade do romance: no fato de que a afeição, como o velamento da imagem mediante as lágrimas na música, provoca na conciliação o declínio da aparência através da comoção. Porque exatamente a comoção é aquela transição na qual a aparência — a aparência da beleza tanto quanto a aparência da reconciliação — reluz no crepúsculo uma vez mais, e da maneira mais doce, antes de desaparecer. No domínio da língua, nem o humor nem o trágico podem apreender a beleza; ela não consegue manifestar-se numa aura de claridade transparente. O seu oposto mais exato é o abalo. Nem a culpa nem a inocência, nem a natureza nem o além lhe são rigorosamente diferenciados. Nessa esfera aparece Ottilie; é necessário que esse véu cubra sua beleza. Pois as lágrimas da comoção, com as quais o olhar se vela, são ao mesmo tempo o mais próprio véu da beleza. Comoção, porém, é apenas a aparência da reconciliação. E como exatamente aquela harmonia enganosa no concerto de flauta dos amantes é inconstante e comovente! O mundo deles encontra-se completamente abandonado pela música. Desse mesmo modo, a aparência, à qual se liga a comoção, só pode tornar-se tão poderosa naqueles que, como Goethe, desde o início não se deixam tocar em seu íntimo pela música e são imunes ao poder da beleza viva. Resguardar o que nela é essencial, eis a luta de Goethe. Em tal luta, a aparência dessa beleza turva-se mais e mais, como a transparência de um fluido durante o abalo em que ele forma cristais. Pois não é na pequena comoção que desfruta de si mesma, mas apenas na grande comoção do abalo que a aparência da reconciliação supera a aparência bela e, com ela, supera finalmente a si mesma. O lamento cheio de lágrimas: isto é comoção. E também a ela, assim como ao grito de dor sem lágrimas, o espaço do abalo dionisíaco confere ressonância. "Tristeza e dor no dionisíaco como as lágrimas que são derramadas pelo contínuo declínio da vida constituem o êxtase suave; é 'a vida da cigarra que, sem alimento e bebida, canta até morrer'." Assim diz Bernoulli em relação ao 141º capítulo do *Matriarcado*, em que Bachofen trata da cigarra, o animal que, originariamente próprio apenas da terra escura, foi elevado ao grupo dos símbolos uranianos pelo profundo senso mítico dos gregos. Que outro sentido teriam as reflexões de Goethe em torno do desfecho da vida de Ottilie?

Quanto mais profundamente a comoção compreende a si mesma, tanto mais ela se constitui como transição; para o verdadeiro poeta, ela jamais significa um final. É exatamente essa a implicação quando o abalo se mostra como a melhor parte da comoção; o mesmo pensa Goethe, ainda que numa relação peculiar, quando diz num suplemento à *Poética* de Aristóteles: "Quem agora avança no caminho de um aperfeiçoamento verdadeiramente íntimo e moral, irá sentir e confessar que tragédias e romances trágicos de maneira alguma apaziguam o espírito, mas antes agitam a alma e aquilo a que chamamos o coração, conduzindo a um estado vago e indefinido: a juventude ama esse estado e, por conseguinte, simpatiza de modo apaixonado com tais produções". A comoção, porém, será a transição da intuição confusa — pelo "caminho de um aperfeiçoamento verdadeiramente [...] moral" — apenas até o único objeto real do abalo: o sublime. É justamente essa transição que se cumpre no declínio da aparência. Aquela aparência que se apresenta na beleza de Ottilie é uma aparência em declínio. Pois não se deve entender como se necessidade e forças externas acarretassem o declínio de Ottilie; pelo contrário, na própria maneira de seu aparentar está fundamentado que a aparência deve extinguir-se, e isso em breve. Essa aparência é bem diferente daquela triunfal de beleza ofuscante, como a de Luciane ou de Lúcifer. E enquanto a figura goethiana de Helena e a de uma mais famosa, a de Mona Lisa, devem o segredo de sua magnificência ao conflito entre esses dois tipos de aparência, a figura de Ottilie é governada somente por aquela aparência que se extingue. O autor inseriu tal fato em cada um de seus movimentos e gestos para, por fim, do modo mais sombrio e ao mesmo tempo mais terno, fazê-la levar cada vez mais, nas anotações em seu diário, a existência de um ser que desvanece. O que, portanto, se revelou em Ottilie não foi pura e simplesmente a aparência da beleza que se manifesta duplamente, mas apenas aquela aparência que vai se extinguindo e que lhe é própria. Entretanto, é certo que esta abre a percepção da aparência bela de um modo geral, e somente nela se dá a conhecer. Por isso, toda contemplação que capta a figura de Ottilie vê surgir diante de si a velha questão de saber se a beleza é aparência.

Tudo o que é essencialmente belo está ligado sempre e de modo essencial, mas em graus infinitamente diferenciados, à aparência. Essa ligação alcança sua intensidade mais elevada naquilo que é manifestamente vivo e, justamente aqui, na nítida polaridade entre a aparência triunfante e aquela que se extingue. Pois tudo o que vive, quanto mais alta a configuração de sua vida, tanto mais se encontra subtraído ao âmbito do essencialmente belo; por conseguinte, o essencialmente belo manifesta-se em sua forma, o mais das vezes, como aparência. Vida bela, o essencialmente belo, beleza aparente — estes três são idênticos. Nesse sentido, exatamente a teoria platônica do belo relaciona-se aqui com o problema da aparência, ainda mais antigo, na medida em que, de acordo com *O banquete*, essa teoria orienta-se antes de tudo pela beleza corporalmente viva. Se, no entanto, tal problema continua latente na especulação platônica, isso se deve ao fato de que para Platão, como grego, a beleza apresenta-se pelo menos tão essencialmente num rapaz quanto numa moça, mas a plenitude da vida é maior no feminino do que no masculino. Um momento da aparência, entretanto, ainda se conserva no mais inanimado, caso este seja essencialmente belo. E é este o caso de todas as obras de arte — entre elas, em grau mínimo, a música. Por essa razão, em toda beleza artística continua habitando aquela aparência — ou seja, aquele tanger e delimitar a vida —, e sem ela a beleza da arte não é possível. A aparência, contudo, não engloba a sua essência. Esta, pelo contrário, indica mais profundamente aquilo que na obra de arte, contrapondo-se à aparência, pode ser designado como o sem-expressão, mas que fora dessa contraposição não ocorre na arte nem pode ser nomeado de forma inequívoca. Embora em contraposição à aparência, o sem-expressão mantém com ela uma relação de tal modo necessária, que justamente o belo, ainda que ele mesmo não seja aparência, deixa de ser essencialmente belo quando a aparência desaparece dele. Pois a aparência pertence ao essencialmente belo enquanto envoltório,[62] e o fato de que a beleza como tal só apareça naquilo que está velado mostra-se como sua lei essencial. Portanto, a própria beleza não é, como ensinam os filosofemas banais, aparência. Pelo contrário, a famosa fórmula

[62] "Envoltório" corresponde no original ao substantivo feminino *Hülle*, que também poderia ser traduzido por "invólucro". Já "véu" aparece aqui como tradução do substantivo masculino *Schleier*. (N. da E.)

de que beleza seria a verdade que se tornou visível — tal como Solger a desenvolveu por último numa banalização extrema — contém a distorção mais fundamental desse grande tema. Do mesmo modo, Simmel não deveria ter extraído tão displicentemente esse teorema de frases goethianas que, com frequência, recomendam-se ao filósofo através de tudo, exceto de sua literalidade. Como a verdade não é em si visível e somente poderia apoiar o seu tornar-se visível em um traço que não lhe é próprio, essa fórmula, que transforma a beleza em uma aparência, desemboca por fim, abstraindo-se totalmente de suas falhas de método e racionalidade, na barbárie filosófica. Pois não significa outra coisa quando nela se nutre o pensamento de que seria possível desvelar a verdade do belo. A beleza não é aparência, não é um envoltório para encobrir outra coisa. Ela mesma não é aparição, mas sim inteiramente essência — uma essência, porém, que se mantém, em impregnação essencial, idêntica a si mesma apenas sob velamento. Por isso, pode ser que a aparência iluda por toda parte: a bela aparência é o envoltório lançado sobre aquilo que é necessariamente o mais velado. Pois o belo não é nem o envoltório nem o objeto velado, mas sim o objeto em seu envoltório. Uma vez desvelado, contudo, esse objeto mostrar-se-ia infinitamente inaparente. Nesse fato fundamenta-se a antiquíssima concepção segundo a qual o velado transforma-se durante o processo de desvelamento, e somente sob velamento permanecerá "idêntico a si mesmo". Diante, portanto, de todo belo, a ideia do desvelamento converte-se naquela da impossibilidade de desvelamento. Essa é a ideia da crítica de arte. A tarefa da crítica de arte não é tirar o envoltório, mas antes elevar-se à contemplação do belo mediante a percepção mais exata do envoltório enquanto envoltório. Elevar-se à verdadeira contemplação — a qual jamais se abrirá à chamada empatia e só de modo imperfeito a uma observação mais pura do ingênuo: à contemplação do belo enquanto segredo. Jamais uma obra de arte foi apreendida, exceto quando se apresentou de maneira incontornável como segredo. Pois de outro modo não é possível caracterizar aquele objeto para o qual o envoltório, em última instância, é essencial. Uma vez que somente o belo e, fora este, nada que vele e que esteja velado consegue ser essencial, o fundamento divino do ser da beleza reside no mistério. Assim, a aparência é nela exatamente isso: não o velamento supérfluo das coisas em si, mas sim o velamento necessário das coisas para nós. Tal velamento é necessidade divina no tempo adequado, do mesmo modo como é condição divina que, desvelado fora desse tempo, aquele inaparente se dissipe em nada, com o que a revelação substitui os segredos. A doutrina kantiana de que o fundamento da beleza é um caráter relacional impõe portanto, com pleno êxito, as suas tendências metodológicas numa esfera muito mais elevada do que a psicológica. Toda beleza, assim como a revelação, conserva em si regras histórico-filosóficas. Pois a beleza não torna a ideia visível, mas sim o seu segredo.

Em virtude dessa unidade que o envoltório e aquilo que ele envolve formam nela, a beleza só pode valer como essencial onde a dualidade de nudez e velamento ainda não vigora: na arte e nas manifestações da mera natureza. Por outro lado, quanto mais claramente essa dualidade se expressa, para finalmente se afirmar no ser humano em grau extremo, tanto mais se torna evidente: na nudez sem véu a beleza essencial é removida e no corpo nu do ser humano é alcançado um estado de ser acima de toda beleza — o sublime, e uma obra acima de todas as imagens — a do criador. Com isso, abre-se a última daquelas correspondências salvadoras, nas quais a novela, configurada de maneira delicada, corresponde ao romance com uma precisão incomparavelmente rigorosa. Quando, na novela, o jovem desnuda a amada, isso não acontece por prazer, mas sim por causa da vida. Ele não contempla o seu corpo nu e, exatamente por isso, percebe sua majestade. O autor não desperdiça palavras quando diz: "Aqui o desejo de salvar superou qualquer outra contemplação". Pois no amor a contemplação não é capaz de dominar. O amor não se originou da vontade de alcançar a felicidade que, de maneira contínua, só se demora fugazmente nos mais raros atos de contemplação, no silêncio "alciônico"[63] da alma. Sua origem é o pressentimento da vida bem-aventurada. Mas quanto o amor, enquanto paixão a mais amarga, frustra-se a si mesmo quando nele a *vita contemplativa* é a mais poderosa, quando a contemplação da mulher mais magnífica é mais desejada do que a união com a amada — tudo isso *As afinidades eletivas* representam no destino de Eduard e Ottilie. Nessa medida, nenhum traço da novela é em vão. No que diz respeito à liberdade e à necessidade que a novela mostra perante o romance, ela é comparável ao quadro no escuro de uma catedral, o qual representa a esta mesma e assim, em pleno interior, comunica uma visão do lugar que de outro modo não seria possível. Com isso, ela ao mesmo tempo traz para dentro o reflexo do dia claro, ou mesmo do dia sóbrio. E se essa sobriedade parece sagrada, o mais espantoso é que talvez somente para Goethe ela não o seja. Pois a sua criação literária permanece voltada ao espaço interior na luz velada que se refrata em vitrais coloridos. Pouco depois da conclusão de sua obra, ele escreve a Zelter: "Onde quer que se depare com meu novo romance, acolha-o amigavelmente. Estou convencido de que o véu transparente e intransparente não o impedirá de en-

---

[63] O adjetivo remonta ao mito de Alcíone, filha de Éolo, rei dos ventos, transformada pelos deuses no pássaro conhecido por esse mesmo nome. No entanto, compadecidos de seu destino, os deuses concederam-lhe, durante o período de nidificação, dias de perfeita calmaria. (N. da E.)

xergar até a forma realmente intencionada". Essa palavra "véu" significava para ele mais do que uma imagem — é o envoltório que sempre e sempre tinha de comovê-lo quando lutava pela percepção da beleza. Três figuras de sua obra de vida nasceram dessa luta que o abalara como nenhuma outra: Mignon, Ottilie, Helena. "Assim, deixai-me aparentar até que eu seja/ Não me despojeis da branca túnica!/ Apresso-me da bela terra/ Para descer àquela sólida morada./ Lá descansarei por um momento/ Depois se abre a vista nova/ Deixo então o envoltório puro,/ O cinto e a guirlanda para trás".[64] E também Helena deixa-os para trás: "o traje e o véu ficam nos braços de Fausto". Goethe sabe o que se confabulou sobre o caráter ilusório dessa aparência. Ele faz com que Fausto seja advertido: "Agarra-te ao que ainda te sobrou!/ Não vás largar do traje. Já demônios/ estiram sôfregos as pontas para/ Levá-lo ao Tártaro. A ele atêm-te, firme!/ Já não é a deusa que perdeste,/ Mas é divino".[65] Diferentemente destes, porém, o envoltório de Ottilie permanece como o seu corpo vivo. Somente em seu caso explicita-se claramente a lei que nos outros se manifesta de um modo entrecortado: quanto mais a vida de-

---

[64] Benjamin cita as duas primeiras estrofes da canção entoada por Mignon no romance *Os anos de aprendizado de Wilhelm Meister* (livro VIII, cap. 2). No original: "*So laßt mich scheinen, bis ich werde,/ Zieht mir das weiße Kleid nicht aus!/ Ich eile von der schönen Erde/ Hinab in jenes feste Haus.// Dort ruh' ich eine kleine Stille,/ Dann öffnet sich der frische Blick,/ Ich lasse dann die reine Hülle,/ Den Gürtel und den Kranz zurück*". (N. da E.)

[65] Trata-se dos versos (9.945-50) que Mefisto-Fórquias diz a Fausto após o retorno de Helena ao Hades. Citados segundo a tradução de Jenny Klabin Segall (*Fausto II*, São Paulo, Editora 34, 2007); no original: "*Halte fest, was dir von allem übrigblieb./ Das Kleid, laß es nicht los. Da zupfen schon/ Dämonen an den Zipfeln, möchten gern/ Zur Unterwelt es reißen. Halte fest!/ Die Göttin ist's nicht mehr, die du verlorst,/ Doch göttlich ist's*". (N. da E.)

saparece, tanto mais vai escapando toda beleza aparente que, como se sabe, é capaz de aderir unicamente àquilo que vive, até que no fim absoluto da vida a beleza é obrigada a desvanecer. Portanto, nada do que seja mortal pode ser desvelado. Por isso, se as *Máximas e reflexões*, em consonância com a verdade, caracterizam o grau extremo de uma tal impossibilidade de desvelamento com as palavras profundas "a beleza jamais pode ganhar clareza sobre si mesma", ainda assim resta Deus, perante o qual não há mistério e tudo é vida. O ser humano aparece-nos como cadáver, e a sua vida como amor, quando se encontram perante Deus. Por isso, a morte tem o poder de desnudar como o amor. Indesvendável é somente a natureza, que guarda um segredo pelo tanto de tempo que Deus a deixa subsistir. A verdade é descoberta na essência da linguagem. Desnuda-se o corpo humano, um sinal de que o próprio homem se apresenta diante de Deus. — A beleza que não se entrega no amor deve sucumbir à morte. Ottilie conhece seu caminho em direção à morte. Por reconhecê-lo já traçado no mais íntimo de sua jovem vida, ela é — não na ação, mas sim na essência — a mais juvenil de todas as figuras criadas por Goethe. É verdade que a idade concede disposição para o morrer, mas a juventude é disposição para a morte. Quão dissimuladamente disse Goethe de Charlotte que ela "queria muito viver". Em nenhuma outra obra ele deu à juventude o que lhe concedeu na figura de Ottilie: a vida inteira, tal como esta tem a sua própria morte a partir de sua própria duração. Sim, pode-se dizer que, se Goethe esteve verdadeiramente cego para algo, então justamente para esse fato. Se, no entanto, a existência de Ottilie, no *pathos* que a diferencia de todas as outras, aponta para a vida da juventude, então foi só pelo destino de sua beleza que Goethe pôde se reconciliar com essa visão a que seu ser se recusava. A esse respeito há uma referência peculiar e que, de certo modo, tem o estatuto de fonte. Em maio de 1809, Bettina dirigiu a Goethe uma carta que trata do levante dos tiroleses[66] e na qual se diz: "Sim, Goethe, enquanto isso as coisas tomaram uma forma bem diferente em mim [...] galerias sombrias circundadas por monumentos proféticos de mártires colossais são o centro dos meus graves pressentimentos... Ah, una-te a mim para rememorar" os tiroleses, "[...] é a glória do poeta assegurar aos heróis a imortalidade!". Em agosto do mesmo ano, Goethe redigiu a versão final do terceiro capítulo da segunda parte das *Afinidades eletivas*, onde se lê no diário de Ottilie: "Uma representação dos povos antigos é séria e pode parecer terrível. Eles imaginavam seus antepassados em imensas cavernas, sentados em círculo sobre tronos em muda conversação. Diante do recém-chegado, caso este fosse digno o suficiente, eles levantavam-se e inclinavam-se em sinal de boas-vindas. Ontem, enquanto estava sentada na capela e via diante da minha cadeira esculpida ainda outras tantas a circundá-la, aquele pensamento pareceu-me inteiramente amável e distinto. Por que tu não podes permanecer sentada? — pensei comigo mesma, permanecer sentada em silêncio e voltada para ti mesma, por longo, longo tempo, até que finalmente cheguem os amigos para os quais levantar-te-ia e, com amável mesura, designar-lhes-ia os seus lugares". É convidativo entender essa alusão à Valhala[67]

---

[66] No ano de 1809 os tiroleses se sublevaram, sob a liderança de Andréas Hofer (1767-1810), contra a política dos bávaros, aliados de Napoleão Bonaparte. Abandonados pelos austríacos que haviam prometido apoio, os tiroleses tiveram seu movimento sufocado pelas tropas de Napoleão e seus líderes foram fuzilados. (N. da E.)

[67] Valhala (em alemão, *Walhall*) significa na mitologia nórdica "pavilhão dos que tombaram" e representava o local onde eram recebidos os guerreiros mortos honrosamente em combate, os chamados *Einherjer*. (N. da E.)

como lembrança inconsciente ou deliberada daquela passagem na carta de Bettina. Pois é notória a afinidade de estado de espírito entre essas breves frases, notório em Goethe o pensamento referente à Valhala, notório por fim como esse pensamento foi introduzido no apontamento de Ottilie sem mediação alguma. Não seria um sinal de que Goethe, naquelas palavras mais suaves de Ottilie, trouxe para perto de si a atitude heroica de Bettina?

Que se julgue, após tudo isso, se é verdade ou vã mistificação quando Gundolf, simulando liberalidade, afirma: "A figura de Ottilie não é nem o conteúdo principal nem o verdadeiro problema das *Afinidades eletivas*"; e que se julgue também se faz sentido quando ele acrescenta: "mas, se não houvesse o momento em que Goethe vislumbrou o que na obra aparece como Ottilie, nem o conteúdo teria sido condensado nem o problema teria sido configurado dessa maneira". Pois que outra coisa fica clara nisso tudo senão o seguinte: é a figura, e mesmo o nome de Ottilie, que conjurou Goethe para esse mundo a fim de salvar verdadeiramente uma criatura que perece, para nela redimir uma amada. Isso ele confessou a Sulpiz Boisserée,[68] que o registrou com as palavras maravilhosas nas quais, graças à mais íntima visão do poeta, aponta-se ao mesmo tempo para o mistério de sua obra de um modo mais profundo do que ele poderia supor. "A caminho, passamos então a falar sobre *As afinidades eletivas*. Ele fez questão de frisar o modo rápido e irrefreável com que acarretara a catástrofe. As estrelas haviam despontado; ele falava de sua relação com Ottilie, o quanto a amava e quão infeliz ela o tornara. Por fim, ele ficou quase enigmático em suas frases, repleto de pressentimentos. — Recitou, então, em meio a isso, um

[68] O jovem amigo de Goethe, Johann Sulpiz Boisserée (1783-1854), registrou essas palavras sob a data de 5 de outubro de 1815. (N. da E.)

verso alegre. Cansados, excitados, em parte apreensivos, em parte sonolentos, chegamos assim, sob a mais bela luz das estrelas [...] a Heidelberg." Se não escapou ao que relata essas impressões o modo como os pensamentos de Goethe, com o aparecimento das estrelas, direcionaram-se para a sua obra, ele próprio certamente mal percebeu — fato do qual sua linguagem dá testemunho — o quão superior a qualquer atmosfera anímica estava aquele momento, e quão clara era a advertência das estrelas. Nesta subsistia como experiência o que há muito se desvanecera como vivência. Pois sob o símbolo da estrela aparecera outrora a Goethe a esperança que ele teve de conceber para os amantes. Aquela frase que, para falar com Hölderlin, contém a cesura da obra e na qual, uma vez que os amantes abraçados selam o seu fim, tudo se detém, diz: "A esperança passou como uma estrela que cai do céu por sobre suas cabeças". É verdade que eles não se dão conta dela, e não pôde ser dito de forma mais clara que a derradeira esperança jamais o é àquele que a acalenta, mas sim apenas àqueles outros para os quais ela é acalentada. Com isso, pois, vem à tona o fundamento mais íntimo para a "postura do narrador". É apenas ele que, no sentimento da esperança, pode cumprir o sentido dos acontecimentos, exatamente como Dante acolhe em si mesmo a desesperança dos amantes quando, após as palavras de Francesca da Rimini, cai "como se caísse um corpo morto".[69] Aquela esperança mais paradoxal, mais fugidia, levanta-se por fim da aparência da reconciliação, na mesma medida

[69] Verso que fecha o canto V do *Inferno*. Em seguida ao pungente relato que Francesca da Rimini faz a Dante sobre os seus últimos instantes ao lado de Paolo Malatesta, o próprio poeta, tomado de dor e da desesperança que envolve esse casal de amantes, diz ter caído "como corpo morto": "*E caddi come corpo morto cade*". (N. da E.)

em que, extinguindo-se o sol, desponta a estrela da tarde no crepúsculo, a qual sobrevive à noite. O seu brilho, quem o concede é por certo Vênus. E sobre esse brilho ínfimo repousa toda esperança; até mesmo a mais rica advém tão somente dele. Desse modo, a esperança justifica no final a aparência de reconciliação, e a sentença de Platão, segundo a qual seria contraditório desejar a aparência do bem, sofre sua única exceção. Pois a aparência da reconciliação pode, deve inclusive, ser desejada: apenas ela é a morada da mais extrema esperança. Desse modo, a esperança se desvencilha por fim da aparência, e somente a indagação trêmula, aquele "que belo" no final do livro continua a ressoar para além dos mortos, os quais esperamos que despertem — se um dia isso vier a ocorrer — não em um mundo belo, mas sim num mundo bem-aventurado. *Elpis* remanesce como a última das *Palavras primordiais*: à certeza da bênção que os amantes na novela levam para casa responde a esperança de redenção que acalentamos para todos os mortos. Esta esperança é o único direito da crença na imortalidade, cuja chama jamais pode deflagrar-se na própria existência. Mas, justamente por causa dessa esperança, estão fora de lugar aqueles momentos cristãos-míticos que se apresentam no final — muito diferentemente do que acontece nos românticos — a partir da aspiração de enobrecer todo o mítico da camada fundamental da obra. Não é, portanto, essa essência nazarena, mas sim o símbolo da estrela caindo por sobre os amantes que constitui a forma de expressão adequada daquilo que, de mistério, em sentido exato, habita a obra. No dramático, o mistério é o momento em que aquele se ergue do domínio de sua linguagem própria e penetra num domínio mais elevado e inatingível para ela. Por isso, ele jamais pode expressar-se em palavras, mas sim única e exclusivamente na representação — é o "dramático" entendido com máximo rigor. Um momento análogo da representação é, nas *Afinidades eletivas*, a estrela cadente. Ao seu fundamento épico no mítico, à sua amplitude lírica na paixão e na afeição, vem juntar-se sua coroação dramática no mistério da esperança. Se a música encerra autênticos mistérios, então esse permanece por certo um mundo mudo, do qual jamais ascenderá a ressonância da música. Mas a que outro mundo ela está consagrada senão a esse a que promete mais do que conciliação: promete a redenção? Isso está inscrito naquela "lápide" que Stefan George colocou sobre a casa natal de Beethoven em Bonn:

> "Antes que vos fortaleçais para a luta em vossa estrela
> Canto-vos combate e vitória de altas estrelas.
> Antes que alcanceis o corpo nesta estrela
> Invento-vos o sonho em eternas estrelas."[70]

Esse "Antes que alcanceis o corpo" parece destinado a sublime ironia. Aqueles amantes jamais o alcançam — o que importa se eles jamais se fortaleceram para a luta? Apenas em virtude dos desesperançados nos é concedida a esperança.

(1922)

Tradução de Mônica Krausz Bornebusch

---

[70] No original: "*Eh ihr zum kampf erstarkt auf eurem sterne/ Sing ich euch streit und sieg von oberen sternen./ Eh ihr den leib ergreift auf diesem sterne/ Erfind ich euch den traum bei ewigen sternen*". (N. da T.)

Goethe

Quando Johann Wolfgang Goethe veio ao mundo em 28 de agosto de 1749, em Frankfurt am Main, a cidade tinha 30 mil habitantes. Berlim, a maior cidade do Império alemão, contava então com 126 mil habitantes, enquanto na mesma época Paris e Londres já passavam de 500 mil. Estas cifras caracterizam a situação política da Alemanha de então, pois em toda a Europa a revolução burguesa dependia das grandes cidades. Por outro lado, é significativo que durante toda a sua vida Goethe tenha nutrido forte aversão por estadias em cidades grandes. Assim é que nunca pisou em Berlim;[1] visitou sua cidade natal, Frankfurt, a contragosto, apenas duas vezes em anos posteriores, passando a maior parte de sua vida na corte de uma pequena cidade de 6 mil habitantes e conhecendo mais de perto apenas os centros italianos de Roma e Nápoles.

---

[1] Na verdade, Goethe esteve uma vez em Berlim, entre 15 e 20 de maio de 1778. Viajou à capital prussiana acompanhando o duque Karl August, que tencionava sondar a posição de Frederico II da Prússia numa eventual guerra pela sucessão da coroa bávara. Suas impressões da maior cidade alemã de então não foram favoráveis e parecem ter confirmado suas prevenções contra as aglomerações típicas das metrópoles; desse modo, até o fim da vida recusou todos os convites para retornar a Berlim. (N. da E.)

Em seu processo de amadurecimento, a nova burguesia reflete-se nitidamente na árvore genealógica do poeta, que foi seu sustentáculo cultural e, no início, também o seu defensor político. Os antepassados masculinos de Goethe, oriundos de círculos artesãos, ascenderam pelo trabalho e desposaram mulheres pertencentes a antigas famílias de eruditos ou socialmente mais elevadas. Na linha paterna, o bisavô era ferreiro, o avô foi primeiramente alfaiate e depois estalajadeiro; o pai, Johann Caspar Goethe, começou como simples advogado. Muito cedo, este alcançou o título de Conselheiro Imperial e, quando conseguiu tomar por esposa Katharina Elisabeth, filha do subintendente Textor, ingressou no círculo das famílias dominantes na cidade.

A juventude na casa patrícia de uma cidade imperial autônoma consolidou no poeta o traço marcante da herança renano-francônia: reservas contra qualquer vínculo político e um sentido agudo para tudo quanto fosse individualmente adequado e proveitoso. O estreito círculo familiar — Goethe só teve uma irmã, Cornelia — permitiu ao poeta concentrar-se desde cedo em si mesmo. Apesar disso, as concepções que vigoravam na casa paterna impediram-no naturalmente de pensar numa profissão artística. O pai o obrigou a estudar Direito. Aos dezesseis anos, ele começou a frequentar a Universidade de Leipzig e, aos vinte e um anos, no verão de 1770, transferiu-se para a Universidade de Estrasburgo.

Aqui, pela primeira vez, delineia-se claramente o círculo cultural dentro do qual nasceu a produção literária do jovem Goethe. Goethe e Klinger, oriundos de Frankfurt, Bürger e Leisewitz da Alemanha Central, Voss e Claudius de Holstein, Lenz da Livônia; Goethe como patrício, Claudius como burguês, Holtei, Schubart e Lenz, filhos de professores e pastores, o pintor Müller, Klinger e Schiller, filhos de pequeno-burgueses, Voss, neto de um servo da gleba e, por fim, condes como Christian e

Fritz von Stolberg[2] — todos eles atuaram juntos para introduzir na Alemanha a concepção do "novo" por caminhos ideológicos. Contudo, a debilidade fatal desse movimento revolucionário especificamente alemão não permitiu que ele se conciliasse com as primeiras palavras de ordem da emancipação burguesa, ou seja, do Esclarecimento.[3] A massa burguesa, os "esclarecidos" pela filosofia das Luzes permaneciam irremediavelmente divorciados de sua vanguarda. Os revolucionários alemães não eram esclarecidos, os ilustrados alemães não eram revolucionários. Aqueles agrupavam suas ideias em torno dos conceitos de revelação, de linguagem, de sociedade; estes, em torno de uma doutrina da razão e do Estado. Goethe assimilou mais tarde o lado negativo dos dois movimentos: com o Iluminismo coloca-

---

[2] O primeiro dos jovens literatos mencionados aqui por Benjamin, Friedrich Maximilian Klinger (1752-1831), é também o autor da peça que deu nome ao movimento pré-romântico *Sturm und Drang* [Tempestade e Ímpeto]: *Der Wirrwarr* [A confusão], publicada originalmente em 1776 e rebatizada depois como *Sturm und Drang*. Em seguida mencionam-se o poeta lírico Gottfried August Bürger (1747-1794), autor da célebre balada "Lenore" (1773); o dramaturgo Johann Anton Leisewitz (1752-1806); Johann Heinrich Voss (1751-1826), dramaturgo e conceituado tradutor das epopeias homéricas; o escritor e jornalista Matthias Claudius (1740-1815); Jacob Michael Reinhold Lenz (1751-1792); o autor de canções e romanças Ludwig Heinrich Christoph Hölty (1743-1797), cujo nome Benjamin pode ter confundido com o do dramaturgo e ator Carl von Holtei (1798-1880), com quem Goethe trava contato somente em 1824; o poeta, jornalista e músico Christian Friedrich Daniel Schubart (1739-1791); o poeta e pintor Friedrich Müller (1749-1825); Friedrich Schiller (1759-1805); os condes Christian Stolberg-Stolberg (1748-1821) e Friedrich Leopold Stolberg-Stolberg (1750-1819). (N. da E.)

[3] *Aufklärung*, no original, que também se traduz por Iluminismo em sentido mais estrito, ligado ao Século das Luzes na França (*Siècle des Lumières*). (N. da E.)

va-se contra a revolução, com o movimento Tempestade e Ímpeto, contra o Estado. Nessa cisão da burguesia alemã reside o motivo pelo qual ela não estabeleceu contato ideológico com o Ocidente, e Goethe nunca esteve tão distante da compreensão do espírito francês quanto em seus tempos de Estrasburgo, ele que mais tarde se ocupou intensamente de Voltaire e Diderot. Especialmente significativa é sua declaração a respeito do famoso manifesto do materialista francês Holbach, o *Sistema da natureza*, no qual já se fazem sentir os ventos cortantes da Revolução Francesa. Parecia-lhe, esse sistema, "tão cinzento, tão quimérico, tão lúgubre", que ele recuava horrorizado, como diante de um fantasma. Parecia-lhe a "própria quinta-essência da senilidade, insípido, até mesmo de mau gosto". Sentia-se oco e vazio nessa "triste semiescuridão ateísta".[4] Tal era a sensação do artista criador, mas também a do filho de uma família patrícia de Frankfurt. Mais tarde, Goethe deu ao movimento Tempestade e Ímpeto seus dois manifestos mais vigorosos, o *Götz von Berlichingen* e o *Werther*. Entretanto, a sua configuração universal, a qual se adensou numa visão de mundo, isso o movimento deve a Johann Gottfried Herder.[5] Em suas cartas e conversações com

---

[4] Benjamin cita aqui palavras da autobiografia de Goethe: *Poesia e verdade*, terceira parte, 11º livro. Trechos citados entre aspas, sem indicação de fonte, provêm de Goethe (escritos autobiográficos, cartas, resenhas etc.) assim como da bibliografia secundária (como o estudo de Albert Bielschowsky *Goethe. Sein Leben und seine Werke* [Goethe: sua vida e suas obras] e outras obras também citadas no ensaio sobre o romance *As afinidades eletivas*). (N. da E.)

[5] Se a expressão "Tempestade e Ímpeto" remonta à peça de Klinger, a historiografia literária costuma situar o início desse movimento no ano de 1767, quando o escritor, filósofo e teólogo Herder (1744-1803) publica a coletânea de fragmentos *Über die neuere deutsche Literatur* [Sobre a mais recente literatura alemã]. (N. da E.)

Goethe, Hamann e Merck,[6] ele formulou as palavras de ordem do movimento: o "gênio original", "linguagem: revelação do espírito popular", "canto: a linguagem primeira da natureza", "unidade da história do mundo e da humanidade". Nessa época, Herder estava organizando, sob o título *Vozes dos povos em canções* [*Stimmen der Völker in Liedern*], sua grande antologia de canções populares, que abrangia todo o círculo terrestre, da Lapônia até Madagascar, e que exerceu a maior influência sobre Goethe. Pois na poesia lírica do jovem Goethe, a inovação da forma da canção mediante a canção popular associa-se à grande libertação trazida pela "Academia Pastoril" de Göttingen.[7] "Voss emancipou para a literatura os camponeses das lezírias.[8] Expul-

---

[6] Johann Georg Hamann (1730-1788), grande erudito, filósofo e escritor em Königsberg (apelidado "o mago do Norte"); foi o mestre de Herder e também um importante precursor do movimento Tempestade e Ímpeto. Em Nápoles (início de março de 1787), Goethe comparou a importância de Hamann com a de Giambattista Vico, cuja *Scienza nuova* ele pensou em traduzir para o alemão. O escritor, tradutor e crítico Johann Heinrich Merck (1741-1791) foi um dos primeiros a reconhecerem a grandeza de Goethe e exerceu significativa influência sobre a fase inicial de sua atividade literária, publicando numa editora própria os primeiros escritos goethianos, entre os quais o drama *Götz von Berlichingen mit der eisernen Hand* [*Götz von Berlichingen de mão férrea*]. Contudo, o comportamento por vezes demasiado irônico e mesmo cáustico de Merck provocou o afastamento de Goethe, e já se afirmou algumas vezes que certos traços de Merck teriam entrado na concepção da figura de Mefistófeles. (N. da E.)

[7] *Göttinger Hainbund*, no original: associação de jovens poetas fundada em setembro de 1772 por Johann Martin Miller (1750-1814) e os já mencionados Voss e Hölty. O local da fundação foi um bosque (*Hain*) de carvalhos nas imediações de Göttingen e o nome da associação é inspirada na ode de Klopstock "A colina e o bosque". (N. da E.)

[8] *Marschländische Bauern*, no original. A expressão *Marschland* designa uma

sou da poesia as figuras convencionais do Rococó por meio do forcado, do mangoal e do dialeto baixo-saxão, que apenas esboça o gesto de tirar o boné diante do proprietário de terras". Uma vez, porém, que, em Voss, a descrição continua sendo o tom predominante na poesia lírica (assim como, em Klopstock, a retórica ainda subjaz ao movimento hínico), pode-se dizer que a poesia lírica alemã só se libertou da esfera da descrição, da didática e da ação narrada a partir dos poemas de Goethe escritos em Estrasburgo ("Encontro e despedida", "Com uma fita colorida", "Canção de maio", "Rosa do campo").[9] É verdade, contudo, que se trata de uma libertação que só podia representar um estágio precário e transitório; e enquanto essa libertação conduzia a poesia lírica alemã, no século XIX, na direção da decadência, já havia sido conscientemente restringida por Goethe em sua obra de velhice, no *Divã do Ocidente e do Oriente* [*West-östlicher Diwan*]. Em colaboração com Herder, Goethe elaborou em 1773 o manifesto *Do engenho e da arte alemães* [*Von deutscher Art und Kunst*], com aquele estudo sobre Erwin von Steinbach, o construtor da Catedral de Estrasburgo — estudo que mais tarde tornou o fanático classicismo goethiano tão especialmente repulsivo aos românticos em sua redescoberta do gótico.

Desse mesmo círculo de produção surgiu em 1772 o *Götz von Berlichingen*. A cisão existente na burguesia alemã se expressa claramente nessa obra. As cidades e as cortes — no caso, representantes do racionalismo grosseiramente projetado na política real — personificam o grupo de iluministas insípidos, aos quais

---

extensão de terra inundável e extremamente fértil, situada atrás da linha de diques no Mar do Norte. (N. da E.)

[9] No original: "*Wilkommen und Abschied, Mit einem gemalten Band, Mailied, Heideröslein*". (N. da E.)

se opõe o movimento Tempestade e Ímpeto na figura do chefe da população camponesa sublevada. O pano de fundo histórico dessa obra, a Guerra dos Camponeses Alemães,[10] poderia suscitar a ilusão de constituir ela uma profissão de fé genuinamente revolucionária. Não se trata disso, pois na verdade ela exprime as preocupações dos pares do reino alemães — o estamento tradicional de senhores feudais, perdendo terreno para os príncipes cada vez mais poderosos —, que vêm à tona e se desabafam na revolta de Götz. Este luta e sucumbe em primeiro lugar em prol de si mesmo, e somente depois por seus pares. A ideia central da peça não é a revolta, mas sim a persistência. O feito do nobre cavaleiro Götz é retrógrado, porém é mais sutil e delicado como gesto de um aristocrata, expressão de um ímpeto individual que não se compara aos brutais atos incendiários dos salteadores. Nesse assunto, desenrola-se pela primeira vez o procedimento que irá caracterizar a obra literária de Goethe: como dramaturgo, ele sempre cede à tentação dos temas revolucionários, para depois se esquivar deles ou abandoná-los em forma de fragmento. *Götz von Berlichingen* e *Egmont* enquadram-se no primeiro tipo; *A filha natural* [*Die natürliche Tochter*], no segundo. Na verdade, já em seu primeiro drama, Goethe subtraía-se à influência da energia revolucionária do Tempestade e Ímpeto, o que se torna mais evidente numa comparação com os dramas de seus contemporâneos. Em 1774, Lenz publicou *O preceptor ou Vantagens da educação particular* [*Der Hofmeister oder Vorteile der privaten Erziehung*], que lança implacável luz sobre o condicio-

---

[10] A expressão "Guerra dos camponeses alemães" (*Deutscher Bauernkrieg*) designa uma onda de sublevações camponesas que varreu o sul da Alemanha (mas também partes da Áustria e da Suíça) entre 1524 e 1526. O seu grande líder foi o teólogo Thomas Müntzer, capturado, torturado e executado em maio de 1525. (N. da E.)

namento social da literatura da época, o qual teve consequências também para o desenvolvimento de Goethe. A burguesia alemã não estava de modo algum suficientemente forte para manter, com seus próprios meios, uma atividade literária ampla. Em consequência dessa situação, a literatura continuou a depender do feudalismo, ainda nos casos em que a simpatia do literato estava ao lado da classe burguesa. As precárias circunstâncias que o envolviam obrigavam-no a aceitar a condição de comensal, a trabalhar como preceptor de latifundiários nobres, a acompanhar jovens príncipes em suas viagens. E, finalmente, essa dependência representava ainda uma ameaça aos seus proventos de escritor, pois apenas as obras expressamente autorizadas por decreto tinham seus direitos autorais garantidos nos Estados do Império alemão.

Em 1774, depois da nomeação de Goethe para a Suprema Corte Imperial, em Wetzlar, foi publicado o romance *Os sofrimentos do jovem Werther*. Esse livro talvez tenha sido o maior sucesso literário de todos os tempos, com o qual Goethe consumou o tipo da autoria genial. Se é verdade que o grande autor, desde o princípio, converte o seu mundo interior em assunto de interesse público, transforma cabalmente os problemas de seu tempo em problemas de seu mundo empírico e intelectual, foi exatamente assim que Goethe agiu, apresentando em suas obras de juventude esse tipo de grande autor com uma perfeição nunca antes alcançada. Nos *Sofrimentos de Werther*, a burguesia da época encontrou sua patologia descrita de maneira a um só tempo incisiva e lisonjeira, como a burguesia atual encontra a sua na teoria freudiana. Goethe entremeou seu amor infeliz por Lotte Buff,[11] noiva de um amigo, com as aventuras amorosas de um

[11] Charlotte Sophie Henriette Buff (1753-1828), a segunda de dezesseis

jovem literato cujo suicídio causara impacto. Nos humores de Werther desenrola-se o *mal du siècle*[12] da época em todas as suas nuanças. Werther — eis aí não apenas o amante infeliz que, em seu desespero, encontra um caminho rumo à natureza, caminho que desde a *Nouvelle Heloïse* de Rousseau nenhum amante voltara a procurar; ele é também o cidadão cujo orgulho se fere nas barreiras de sua classe e que, em nome dos direitos humanos, até mesmo em nome da criatura, exige seu reconhecimento. Através dele exprimirá Goethe por muito tempo, e pela última vez, o elemento revolucionário de sua juventude. Ao escrever a resenha de um romance de Wieland, diz: "As ninfas marmóreas, as flores, vasos, as coloridas toalhas bordadas sobre as mesas desta pequena gente, que grau de aprimoramento não pressupõem? Que desigualdade de classes, quanta carência em meio a tantos prazeres, quanta pobreza em meio a tantas posses!"; depois, o tom se torna mais brando: "Pode-se falar muito a respeito das vantagens das normas, quase tanto quanto o que se pode dizer em favor da sociedade burguesa". No *Werther*, a burguesia encontra o semideus que se sacrifica por ela. Ela se sente redimida, sem estar liberta; daí o protesto de Lessing, incorruptível e consciente de sua classe, que percebeu a falta de orgulho burguês contra a nobreza e exigiu um desfecho cínico para o *Werther*.

Depois do caso amoroso com Charlotte Buff, complicado e sem esperanças, a perspectiva de um casamento burguês com

---

filhos de um bailio de Wetzlar (circunstância que, assim como outros detalhes de sua vida, foi transposta para a Lotte do *Werther*). Em 1768, ficou noiva do jurista Johann Christian Kestner (1741-1800), amigo de Goethe, dando-se o casamento em 1773. (N. da E.)

[12] *Weltschmerz*, no original, que literalmente significa "dor do mundo", mas que também corresponde à expressão francesa *mal du siècle* (assim como à latina *tedium vitae*). (N. da E.)

uma jovem de Frankfurt, bonita, importante e bem situada, podia parecer a Goethe a solução ideal. "Foi uma estranha decisão d'Aquele que do alto reina sobre nós, que eu, no decorrer de minha singular existência, pudesse ainda saber como se sente um noivo." Mas o noivado com Lili Schönemann[13] foi apenas um episódio turbulento em sua luta de mais de trinta anos contra o casamento. O fato de Lili Schönemann ter sido provavelmente a mulher mais significativa, e certamente a mais livre, a se aproximar de Goethe, isso só pôde intensificar a sua resistência em unir-se a ela. Para fugir de tal situação, ele empreendeu uma viagem à Suíça, em maio de 1775, na companhia do conde Stolberg. Essa viagem tornou-se marcante por Goethe ter travado conhecimento com Lavater,[14] em cuja teoria fisiognomônica, que causava sensação na Europa de então, Goethe reconheceu algo do espírito de sua própria contemplação da natureza. Mais tarde, a íntima associação do estudo do mundo criatural com o pietismo, estabelecida por Lavater, acabou por desagradar a Goethe.

---

[13] Filha de um abastado banqueiro de Frankfurt, o nome completo dessa única noiva que Goethe teve em sua vida é Anna Elisabeth Schönemann (1758--1817). (N. da E.)

[14] O contato de Goethe com Johann Caspar Lavater (1741-1801) iniciou--se, por carta, já em agosto de 1773, e no ano seguinte houve um primeiro encontro em Frankfurt. Durante as suas duas viagens pela Suíça (1775 e 1779), Goethe foi hóspede de Lavater em Zurique. Sua teoria fisiognomônica (*Fragmentos fisiognomônicos para a promoção do conhecimento humano e do amor entre os homens*), publicada entre 1775 e 1778, despertou a princípio intenso interesse em Goethe, levando-o a colaborar nesse projeto. Em 1782 deu-se, porém, uma ruptura abrupta no relacionamento, causada, segundo Goethe, pelo cristianismo exaltado e intolerante de Lavater, assim como por seu diletantismo e comportamento de profeta. No "Sonho da Noite de Valpúrgis" do *Fausto I*, Lavater é caricaturado na figura do "Grou" (vv. 4.323-26). (N. da E.)

Na viagem de regresso, um acaso provocou seu encontro com o príncipe herdeiro, posteriormente duque Karl August von Sachsen-Weimar.[15] Logo depois, Goethe aceitou o convite do príncipe para visitar sua corte. O que deveria ter sido uma visita, tornou-se uma estadia definitiva. No dia 7 de novembro de 1775, Goethe chegou a Weimar. No mesmo ano, tornou-se conselheiro com cadeira e voto no Conselho de Estado. Desde o início, o próprio Goethe considerou a decisão de entrar para o serviço do duque Karl August como o compromisso mais decisivo de toda a sua vida. Dois motivos foram determinantes para tal decisão. Numa época de crescentes agitações políticas entre a burguesia alemã, sua posição lhe possibilitava estabelecer um contato muito próximo com a realidade política. Por outro lado, na medida em que essa posição o enquadrava como alto membro de um aparato administrativo, ele se furtava à necessidade de uma decisão radical. Por maior que fosse o seu dilaceramento íntimo, a referida posição proporcionava pelo menos um apoio exterior à sua atuação e eficácia. Mesmo que sua própria consciência, incorruptivelmente vigilante, não o mantivesse sempre

---

[15] Karl (ou Carl) August, duque e, a partir de 1815, grão-duque de Sachsen-Weimar-Eisenach (1757-1828), teve o primeiro contato com Goethe já em 1774, em Frankfurt, quando aquele se encontrava em viagem a Paris. Em 1775 voltaram a encontrar-se em maio e setembro, sendo que nesta oportunidade Karl August (que estava a caminho do seu casamento em Kalsruhe), convidou Goethe para uma visita a Weimar. Assim o poeta deu o passo que se constituiu, como formula Walter Benjamin, no "compromisso mais decisivo de toda a sua vida". A amizade entre o poeta e o duque passou por difíceis provas, mas subsistiu de maneira fecunda para ambos ao longo de 53 anos. Em outubro de 1828, Goethe disse a Eckermann numa conversa sobre Karl August: "O grão-duque tinha sem dúvida uma grandiosidade humana inata, e com isso tudo está dito e feito". (N. da E.)

atento, Goethe iria perceber o alto preço cobrado por tal apoio mediante as manifestações de dúvida, decepção e indignação de seus amigos. Klopstock e até mesmo Wieland, assim como Herder mais tarde, escandalizaram-se com a generosidade com que Goethe aquiesceu às exigências de sua posição e, mais ainda, às exigências que lhe faziam a pessoa e o modo de vida do grão-duque. Pois Goethe, o autor do *Götz* e do *Werther*, representava a revolta burguesa. Seu nome significava muito, tanto mais que as tendências da época se expressavam quase que exclusivamente em termos pessoais. No século XVIII, o autor ainda era um profeta, e seus escritos o complemento de um evangelho que parecia manifestar-se de modo mais completo em sua vida. O incomensurável prestígio pessoal que as primeiras obras de Goethe — elas eram verdadeiras mensagens — haviam-lhe granjeado perdeu-se em Weimar. Mas, como se esperava dele apenas o extraordinário, criaram-se em torno de sua figura as lendas mais absurdas: Goethe embriagava-se diariamente com aguardente, ao passo que Herder subia ao púlpito de botas e esporas e, após o sermão, dava três voltas a cavalo em torno da igreja — era assim que se imaginavam as atitudes de um gênio nesses primeiros meses. Entretanto, a amizade entre Goethe e Karl August teve maiores consequências do que aquilo que na verdade existia por trás de tais exageros. Os fundamentos dessa amizade foram então estabelecidos e mais tarde garantiram a Goethe uma ampla soberania espiritual e literária: a primeira, em termos europeus e universais, depois de Voltaire. “Quanto ao juízo daqueles que condenam a participação do dr. Goethe em meu colegiado mais importante, sem que ele tenha sido antes magistrado, professor ou conselheiro da Câmara ou do Estado — tal juízo não altera nada”, escreveu Karl August, então com dezenove anos de idade.

O sofrimento e o desgaste desses primeiros anos em Weimar haviam tomado corpo, e Goethe encontrou um novo manancial em seu amor por Charlotte von Stein.[16] As cartas que ele lhe enviou entre 1776 e 1786 revelam, estilisticamente, a permanente passagem da antiga prosa goethiana, revolucionária e "ludibriando a linguagem em seus privilégios", para o ritmo grandioso e calmo que permeava as cartas, também destinadas a ela, que ele ditou na Itália, no período de 1786 a 1788. Constituem, por seu conteúdo, a fonte mais importante para a análise do confronto do jovem poeta com os negócios administrativos, mas, principalmente, com a vida social da corte. Goethe, por natureza, não era sempre facilmente maleável.

Entretanto, queria aprender a sê-lo e ajustava-se "às chamadas pessoas mundanas naquilo que as caracterizava como tal". Com efeito, não podia existir escola mais dura do que esse caso, que se tornou público e notório, dadas as condições de vida de uma cidade pequena. Acrescia ainda o fato de que Charlotte von Stein, nos anos em que se relacionou com o mundo de Goethe com inigualável profundidade, jamais feriu, em consideração ao poeta, as normas de decoro da corte. Levou anos para que essa mulher ocupasse, na vida dele, lugar tão inabalável e abençoado que sua imagem pudesse insinuar-se nas personagens de Ifigênia e de Eleonore von Este, a amada de Tasso.[17] O fato de Goethe ter deitado raízes em Weimar, e o modo como isso ocorreu, está intimamente ligado a Charlotte von Stein. Ela o familiarizou não só com a corte, mas também com a cidade e a paisagem local.

---

[16] Conforme apontam biógrafos de Goethe, desde a sua chegada a Weimar até 1788 ele nutriu um amor platônico por Charlotte Albertine von Stein (1742-1827), esposa de um alto funcionário da corte. Foi a mulher que exerceu a influência mais forte sobre sua vida e obra. (N. da E.)

[17] Heroínas das peças *Ifigênia em Tauris* (1787) e *Torquato Tasso* (1790). (N. da E.)

Ao lado de todos os protocolos oficiais, surgem sempre as notas, mais breves ou mais extensas, dirigidas à senhora von Stein, em que Goethe, o amante, revela-se em toda a amplitude de seu talento e de sua atividade, como desenhista, pintor, jardineiro, arquiteto, etc. Em seus relatos sobre fatos do ano de 1779, Riemer[18] esboça uma miniatura da existência de Goethe durante essa época — existência crítica e sob múltiplas ameaças —, mostrando o poeta a percorrer o ducado durante mês e meio, inspecionando as estradas durante o dia, recrutando nas repartições públicas jovens para o serviço militar, e descansando à noite nas pequenas estalagens, onde trabalhava em sua *Ifigênia*.

A produção literária desses anos constitui os primórdios da *Missão teatral de Wilhelm Meister* [*Wilhelm Meisters theatralische Sendung*], *Stella*, *Clavigo*, *Cartas suíças de Werther* [*Werthers Briefe aus der Schweiz*], *Tasso* e, sobretudo, uma grande parte de sua poesia lírica mais vigorosa: "Viagem pelo Harz no inverno", "À lua", "O pescador", "Só quem conhece a saudade", "Sobre todos os cumes", "Mistérios".[19] Naqueles anos, Goethe trabalhou também no *Fausto* e pelo menos estabeleceu o fundamento cen-

---

[18] Friedrich Wilhelm Riemer (1774-1845): conceituado nome da filologia clássica contemporânea, Riemer foi um dos mais íntimos colaboradores de Goethe, seu consultor imprescindível em questões métricas, gramaticais, retóricas, e também tradutor de várias línguas. Em 1831, Goethe o nomeou em testamento, ao lado de Eckermann, como editor de seus escritos póstumos. Em 1841, Riemer publicou o volume *Depoimentos sobre Goethe* [*Mitteilungen über Goethe*], do qual provém o relato a que se refere Benjamin, e, em 1846, *Cartas de e para Goethe* [*Briefe von und an Goethe*]. (N. da E.)

[19] No original: "*Harzreise im Winter*, *An den Mond*, *Der Fischer*, *Nur wer die Sehnsucht kennt*, *Über allen Gipfeln* [ou *Wandrers Nachtlied*: "Canção noturna do viandante"], *Geheimnisse*". (N. da E.)

tral de partes do segundo *Fausto*, na medida em que começa a tomar forma, a partir de experiências dos primeiros anos de Weimar, o niilismo de Estado goethiano, niilismo que irrompe bruscamente no segundo ato do *Fausto II*. Diz o poeta em 1781: "Nosso mundo político e moral está minado por galerias, porões e cloacas subterrâneas, como costuma ser uma grande cidade, em cujas conexões com a situação geral de seus habitantes ninguém pensa nem cogita; só aquele que possui alguma informação a respeito poderá entender melhor as coisas no momento em que, de repente, o chão se afundar, subir ali uma fumaça [...] e se ouvirem aqui vozes espantosas".

A cada mudança, Goethe firmava sua posição em Weimar e se afastava mais e mais de seu círculo literário, de seus amigos de Estrasburgo e dos primeiros tempos de Wetzlar. A inigualável autoridade que trouxera consigo a Weimar e que soubera fazer valer perante o duque advinha do papel de liderança que desempenhou entre os membros do movimento Tempestade e Ímpeto. Mas, numa cidade provinciana como Weimar, esse movimento só podia manifestar-se de modo efêmero e, sem ter frutificado, permaneceu restrito a algumas extravagâncias tumultuadas. Goethe percebeu claramente tudo isso logo de início e se contrapôs a todas as tentativas de dar continuidade, em Weimar, ao espírito de Estrasburgo. Quando Lenz apareceu por lá em 1776 e se comportou na corte ao estilo dos membros do Tempestade e Ímpeto, Goethe mandou expulsá-lo. Tratava-se de uma medida de razão política. Mas, ainda mais, de uma defesa contra a impulsividade sem limites e o *pathos* presentes no estilo de vida de sua juventude, os quais ele não conseguiu suportar a longo prazo. Goethe conviveu nesses círculos com os exemplos mais devastadores de genialidade exacerbada, e uma observação de Wieland, na mesma época, dá conta de como o convívio com indivíduos dessa natureza o abalava. Wieland escreve a um amigo que não gostaria de alcançar a fama de Goethe ao preço de seus sofrimentos físicos. Posteriormente, o poeta tomaria as mais sérias medidas preventivas contra essa sensibilidade de sua constituição física. De fato, quando se vê que Goethe se esquivava sempre que possível de certas tendências — de todas as tendências nacionais e de quase todas as tendências românticas — é possível crer que ele temia um contágio imediato. Ele próprio culpava essa mesma constituição por não ter escrito nenhuma obra trágica.

Quanto mais a vida de Goethe em Weimar se aproximava de um certo equilíbrio — sua aceitação pela corte palaciana oficializou-se com a nobilitação em 1782 —, tanto mais a cidade se lhe tornava insuportável. Sua impaciência assume a forma de contrariedade patológica em relação à Alemanha. Ele exprime o desejo de escrever uma obra que os alemães venham a detestar. Sua aversão vai ainda mais longe. Depois de dois anos de entusiasmo juvenil pelo gótico, pela paisagem e pela tradição dos cavaleiros alemães, ele descobriu e alimentou, a partir dos 25 anos, uma resistência, que brotava de seu mais íntimo, contra o clima, a paisagem, a história, a política e a essência de seu povo — resistência que, a princípio difusa e obscura, foi se convertendo gradativamente, por volta dos 35 anos, em compulsão nítida e apaixonada que tencionava culminar num verdadeiro sistema racionalmente fundamentado. Esse estado de espírito irrompeu em 1786, com a súbita partida de Goethe para a Itália. Ele próprio qualificou a viagem de fuga. Superstições e tensões envolviam-no de forma tão opressiva que ele não ousou comunicar a ninguém qualquer detalhe de seu plano.

Duas decisões foram tomadas nessa viagem de dois anos que o levou por Verona, Veneza, Ferrara, Roma e Nápoles, até, por fim, a Sicília. Primeiramente, Goethe abandonou a esperança de consagrar sua vida às artes plásticas. Era uma ideia que sempre e sempre acalentara. Se Goethe assumiu de maneira inconsciente sua posição perante a nação e por longo tempo não quis perder o aspecto de um diletante, então a culpa por esse comportamento, assim como por tanta dispersão e insegurança em sua produção literária, residia também na hesitação quanto à determinação de sua genialidade. Essa genialidade continha muito frequentemente as características do talento, facilitando o caminho ao poeta. A grande arte do Renascimento italiano, que Goethe observava com os olhos de Winckelmann[20] e que não conseguia distinguir claramente da arte da Antiguidade, assentou em seu íntimo, por um lado, a certeza de que não havia nascido para pintor e, por outro lado, assentou o fundamento daquela limitada estética classicista, que representa talvez a única esfera de ideias em que Goethe ficou atrás, e não à frente de seu tempo. Ainda num outro sentido, Goethe encontrou-se a si mesmo. Escreve para casa em relação à corte de Weimar: "A loucura de que as belas sementes que amadurecem em minha existência e na de meus amigos devessem ser semeadas neste solo e aquelas joias celestiais pudessem ser engastadas nas coroas seculares desses príncipes — essa loucura abandonou-me por completo, e encontro minha felicidade juvenil restabelecida".

---

[20] Johann Joachim Winckelmann (1717-1768), nome de proa da arqueologia de seu tempo e um dos fundadores da moderna teoria da arte. Já durante os seus estudos em Leipzig, Goethe começa a interessar-se por Winckelmann e lê os seus *Pensamentos sobre a imitação das obras gregas na pintura e escultura* (1755). O estudo sistemático e aprofundado de sua obra inicia-se, porém, apenas na Itália, e o ideal estilístico da "simplicidade nobre e grandeza calma" (*edle Einfalt und stille Grösse*), lançado por Winckelmann, converte-se num dos fundamentos da concepção classicista de Goethe. Em sua autobiografia *Poesia e verdade*, Goethe fala do choque com que reagiu à notícia da morte de Winckelmann, assassinado durante uma briga homossexual numa taverna de Trieste. (N. da E.)

Na Itália surgiu a *Ifigênia* definitiva em versos, a partir da versão em prosa. No ano seguinte, 1787, o poeta concluiu o *Egmont*. Não é um drama político, mas sim um drama sobre o caráter do tribuno alemão, como Goethe a rigor teria gostado de apresentá-lo: como advogado da burguesia. Mas acontece que essa imagem do destemido homem público se diluía orgulhosamente na claridade, e as realidades políticas adquiriam uma expressão muito mais precisa na boca das personagens Orange e Alba. A fantasmagoria do final — "A liberdade em roupagem celestial envolta numa claridade repousa sobre uma nuvem" — desmascara a suposta concepção política do conde Egmont como a inspiração poética que ela realmente é. Para compreender o movimento revolucionário de libertação que irrompeu em 1566 nos Países Baixos sob a liderança do conde Egmont, houve, por parte do poeta, algumas limitações: primeiramente, uma esfera social de produção literária e uma predisposição em relação às quais as ideias conservadoras de tradição e hierarquia eram inalienáveis; em segundo lugar, a sua atitude basicamente anarquista, sua incapacidade de fazer valer o Estado como fator histórico. Para Goethe, a história representava uma sequência incalculável de formas de dominação e culturas em que os grandes indivíduos, César ou Napoleão, Shakespeare ou Voltaire, representam o único ponto de referência. Ele jamais conseguiu ser partidário de movimentos nacionais e sociais. Embora basicamente nunca se manifestasse sobre esses assuntos estabelecendo uma coerência entre eles, esta é justamente a doutrina que resulta tanto dos diálogos com o historiador Luden,[21] como também

---

[21] Goethe travou o primeiro contato com o historiador e jornalista político Heinrich Luden (1780-1847) em 1806; a partir de então, houve vários encontros em que discutiam questões históricas e políticas, como o de maio de 1807, sobre a situação europeia após a batalha de Jena, vencida por Napoleão. (N. da E.)

dos *Anos de peregrinação de Wilhelm Meister* e do *Fausto*. Essas convicções determinam também seu relacionamento com o dramaturgo Schiller. Para este, a problemática do Estado sempre estivera em primeiro plano. O Estado em sua relação com o indivíduo isolado fora o assunto de seus dramas de juventude, o Estado em sua relação com o detentor do poder fora o assunto dos dramas da maturidade. A força propulsora dos dramas goethianos não é o conflito, mas sim um processo de desdobramento. — As *Elegias romanas* [*Römische Elegien*] representam a principal produção lírica da fase italiana, que capta com a precisão da Antiguidade e com perfeição formal a lembrança de múltiplas noites de amor romanas. A intensa determinação sensual de sua índole levou-o à decisão de concentrar mais suas relações existenciais, agindo apenas a partir de um núcleo restrito. Ainda na Itália, Goethe escreveu uma carta que revela o ponto máximo de seu estilo diplomático, em que solicita ao duque liberá-lo de todos os seus cargos administrativos e políticos. O pedido foi atendido e o retorno de Goethe a uma intensa produção literária, ainda que por meios indiretos, foi causado principalmente por seu confronto com a Revolução Francesa. Para compreender esse confronto é necessário levar em consideração não tanto a soma de suas improvisações teóricas, mas sim sua função — como em relação a todas as suas opiniões dispersas, desconexas e impenetráveis a respeito da política.

Não há dúvida de que Goethe — segundo suas experiências como conselheiro diplomático em Weimar — considerou extremamente problemático o despotismo esclarecido do século XVIII, muito antes de irromper a Revolução Francesa. Contudo, não conseguiu reconciliar-se com a Revolução, não só devido às suas íntimas ligações com o regime feudal e à sua recusa sistemática de todos os abalos violentos da vida pública, mas também, e principalmente, porque relutava e até mesmo lhe era impossível chegar a quaisquer concepções básicas em assuntos de Estado. Se ele jamais se manifestou sobre os "limites da eficácia do Estado" de maneira tão clara como, por exemplo, Wilhelm von Humboldt, foi porque seu niilismo político ia longe demais para que ousasse falar a esse respeito senão por meio de alusões. Basta ver que, mais tarde, o programa de Napoleão de desmembrar o povo alemão, reduzindo-o a suas tribos de origem, não representou nada de extraordinário para Goethe, que via justamente nesse desmembramento total a manifestação exterior de uma comunidade em que os grandes indivíduos poderiam criar seus círculos de influência — círculos estes em que tais indivíduos também poderiam agir de modo patriarcal e, ao longo dos séculos e das fronteiras estatais, lançar uns aos outros seus sinais espirituais. Com razão se disse que a Alemanha de Napoleão representava para Goethe o campo de ação mais adequado, já que o poeta francônio constituía a própria essência românico-francesa. Porém, em sua relação com a Revolução atuava também a sensibilidade imensa, o abalo patológico em que o lançavam os grandes acontecimentos políticos de sua época. Esse abalo, em que o poeta se viu atingido por certos episódios da Revolução Francesa como se fossem infortúnios pessoais, impossibilitou-o igualmente de organizar o mundo do ser político única e exclusivamente a partir de princípios, como seria possível, sem a menor dúvida, para a existência privada do indivíduo.

À luz das oposições de classe da Alemanha de então, a situação se apresenta da seguinte maneira: ao contrário de Lessing, Goethe não se sentia como combatente de vanguarda das classes burguesas, mas sim como seu porta-voz, seu embaixador junto ao feudalismo alemão e junto ao principado. Sua permanente hesitação explica-se pelos conflitos decorrentes dessa sua posição representativa. O maior expoente da literatura clássica, burguesa — a qual constituía a única reivindicação incontestável do povo alemão à fama de uma nação civilizada moderna —, só podia imaginar a cultura burguesa no âmbito de um Estado feudal enobrecido. Se Goethe rejeitava a Revolução Francesa, isto se deu, na verdade, não só no sentido feudal — partindo da ideia patriarcal de que toda cultura, incluindo a burguesa, somente poderia florescer sob a proteção e à sombra do poder absoluto —, mas também sob o ponto de vista da pequena-burguesia, ou seja, do indivíduo que, amedrontado, procura proteger sua existência dos abalos políticos que a cercam. Mas, nem no espírito do feudalismo, nem no da pequena burguesia, essa rejeição se apresentava de maneira absoluta e unívoca. Por essa razão, nenhuma das produções poéticas em que Goethe tentou durante dez anos definir a sua posição diante da Revolução, conseguiu alcançar um lugar de destaque dentro da totalidade de sua obra.

São nada menos do que sete as criações literárias em que Goethe, de 1791 a 1802, tentou reiteradamente extrair da Revolução Francesa uma fórmula convincente ou uma imagem definitiva. Trata-se, em primeiro lugar, de produções secundárias que, com os dramas *O grão-copta* [*Der Gross-Cophta*] e *Os agitados* [*Die Aufgeregten*], atingem o nível mais baixo de toda a produção goethiana; ou então de uma tentativa, como *A filha natural* [*Die natürliche Tochter*], condenada a permanecer fragmento. Finalmente, porém, Goethe aproximou-se mais do objetivo em duas produções literárias que, cada uma à sua maneira, conseguiram abordar a Revolução por assim dizer *en bagatelle*.[22]

---

[22] Essas duas obras em que Goethe, segundo Walter Benjamin, teria alcançado um tratamento literário mais bem-sucedido da Revolução Francesa, não são peças para teatro (como *O grão-copta*, *Os agitados* e *A filha natural*), mas sim longos poemas épicos em hexâmetros: *Hermann und Dorothea* e *Der Reinecke Fuchs*, no original. A outra obra que Benjamin menciona neste contexto, *Conversas de*

Hermann e Dorothea faz dela um pano de fundo sinistro, contra o qual se destaca de maneira cativante o idílio de uma cidadezinha alemã. *A raposa Reinecke* dilui o *pathos* da Revolução na forma de uma sátira em versos que se reporta de maneira não gratuita à forma literária medieval do *epos* cujos protagonistas são animais. A Revolução como cenário de uma concepção moral concreta — assim ela aparece em *Hermann e Dorothea*; como grande ação política de cunho cômico, como interlúdio na história animal da humanidade — assim ela aparece na *Raposa Reinecke*. Com isso, o poeta supera os vestígios do ressentimento que ainda se notam nas tentativas anteriores de plasmação literária, principalmente nas *Conversas de emigrantes alemães* [*Unterhaltungen deutscher Ausgewanderten*]. Que a história, no verdadeiro cume de sua humanidade, agrupa-se em torno da figura do rei, esse preceito hierárquico feudal representa efetivamente a última palavra nesse ciclo de produção literária. Entretanto, justamente o rei na *Filha natural* torna inequivocamente visível a incapacidade de Goethe em captar a história política. É o Thoas da *Ifigênia* em nova configuração, o rei como encarnação do "homem bom", que se envolve aqui no tumulto da revolução e está inexoravelmente fadado ao fracasso.

Os problemas políticos que na década de 1790 pesaram sobre a produção de Goethe constituem a razão por que ele procurou furtar-se a essa produção de diversas maneiras. Seu grande refúgio foram os estudos de ciências naturais. Schiller reconheceu o caráter de fuga inerente às atividades científicas daque-

---

emigrantes alemães, é um ciclo de novelas cujos narradores se encontram em fuga diante da ocupação francesa da região renana em 1793. Como Benjamin fala em sete criações literárias em torno da Revolução Francesa, a última (não comentada aqui) é provavelmente a breve comédia *O general-burguês* [*Der Bürgergeneral*], escrita em três dias no final de abril de 1793. (N. da E.)

les anos. Em 1787, ele escreve a Körner:[23] "O espírito de Goethe modelou todas as pessoas que pertencem ao seu círculo. Um orgulhoso desprezo filosófico por todas as especulações e investigações, acompanhado de um apego à natureza, que beira a afetação, e de uma resignada limitação a seus cinco sentidos; em suma, uma certa simplicidade infantil da razão caracteriza a ele e a todos dessa seita. É preferível colher ervas ou dedicar-se à mineralogia a mergulhar em demonstrações vazias de sentido. A ideia pode ser inteiramente saudável e boa, mas pode-se incorrer em exageros". Esses estudos de história natural só puderam tornar Goethe ainda mais avesso aos acontecimentos políticos. Ele compreendia a história tão somente enquanto história natural, e a compreendia apenas na medida em que ela permanecia ligada à criatura. Por isso, a pedagogia, tal como ele a desenvolveu mais tarde nos *Anos de peregrinação*, tornou-se a posição mais avançada que ele conseguiu alcançar no mundo do histórico. Essa orientação pelas ciências naturais voltava-se contra a política, mas também contra a teologia. Nela, o espinosismo anticlerical do poeta encontrou a sua configuração mais produtiva. Quando ele se levanta contra os escritos pietistas de seu ex-amigo Jacobi,[24] porque este defendia a tese de que a natureza oculta Deus, isso significa que, para Goethe, o mais importante em Espinosa é que a natureza, tanto quanto o espírito, representa um lado evidente do divino. Isso fica claro quando Goethe escreve a Jacobi: "Deus te castigou com a metafísica [...] a mim,

---

[23] O jurista Christian Gottfried Körner (1756-1831) foi amigo íntimo de Schiller e escreveu sua biografia (elogiada por Goethe) para a edição das obras schillerianas publicada entre 1812 e 1815. (N. da E.)

[24] Friedrich Heinrich Jacobi (1743-1819): ver nota 19 do ensaio sobre *As afinidades eletivas*. (N. da E.)

ao contrário, abençoou-me com a física". — O conceito a partir do qual Goethe apresenta suas revelações do mundo físico é o "fenômeno primevo" [*Urphänomen*]. Este conceito constituiu-se originalmente no contexto de seus estudos de botânica e de anatomia. Em 1784, Goethe descobre a formação morfológica dos ossos do crânio a partir da reorganização de ossos da espinha dorsal e, um ano depois, a *Metamorfose das plantas*.[25] Sob essa denominação ele entendia o fato de que todos os órgãos da planta, da raiz aos pistilos, são apenas formas transformadas das folhas. Com isso, ele chegou ao conceito de "planta primeva", que Schiller, em seu famoso primeiro diálogo com o poeta, considerou uma "ideia", a qual Goethe, porém, não quis aceitar sem lhe atribuir uma certa concretude sensorial. Os estudos goethianos de ciências naturais situam-se, no contexto geral de sua obra, naquela posição que muitas vezes a estética assume em artistas menores. Só se pode compreender esse aspecto da produção de Goethe quando se tem em mente o fato de que ele, ao contrário de quase todos os intelectuais daqueles tempos, nunca fez as pazes com a "bela aparência". Não foi a estética, mas sim a contemplação da natureza que reconciliou para ele literatura e política. Justamente por isso, não se pode deixar de perceber, também nesses estudos científicos, quão refratário era o poeta a certas inovações, sejam técnicas ou políticas. No limiar da era das ciências naturais, que deveria expandir de maneira colossal a agudeza e o âmbito das percepções sensoriais, ele retrocede outra vez às velhas formas de perscrutação da natureza, e escreve: "Em si

[25] Goethe sistematizou seus estudos botânicos no tratado *Tentativa de explicar a metamorfose das plantas*, publicado em 1790 e, com algumas alterações, em 1817 sob o título simplificado *A metamorfose das plantas* (ver também a nota 24 do ensaio sobre *As afinidades eletivas*). (N. da E.)

mesmo, o ser humano, na medida em que se serve de seus plenos sentidos, é o maior e mais exato aparelho físico que possa existir, e o maior infortúnio da física moderna é justamente que as experiências foram por assim dizer separadas do homem e que [...] pretende-se conhecer a natureza apenas pelo que os instrumentos artificiais revelam". Segundo seus conceitos, a ciência apresenta como finalidade natural mais próxima harmonizar os atos e os pensamentos do ser humano. A transformação do mundo pela técnica não era realmente o seu âmbito, ainda que ele, na velhice, tenha feito declarações surpreendentemente lúcidas sobre o seu significado ilimitado. O maior ganho do conhecimento da natureza definiu-se para ele na forma que ela dá a uma vida. Essa concepção desdobrou-se num rigoroso pragmatismo: "Somente o que é fecundo é verdadeiro".

Goethe pertence à família daqueles grandes espíritos para os quais, na verdade, não existia uma arte no sentido isolado. Para ele, a doutrina do fenômeno primevo como ciência natural era ao mesmo tempo a verdadeira doutrina estética, como o era para Dante a filosofia da escolástica e, para Dürer, as artes técnicas. A rigor, foram inovadoras para a ciência unicamente as suas descobertas de botânica. Além disso, são importantes e reconhecidos os escritos osteológicos: a referência ao maxilar intermediário humano, que certamente não foi nenhuma descoberta. Pouca consideração mereceu a *Meteorologia*; alvo das mais vívidas controvérsias tornou-se a *Teoria das cores*, que representa para Goethe o coroamento de toda a sua obra científica, ou mesmo, segundo algumas opiniões, de toda a sua obra de vida. Já há algum tempo, retomou-se a discussão em torno desse documento, o mais abrangente da ciência natural goethiana. A *Teoria das cores* contrapõe-se radicalmente à óptica de Newton. A oposição fundamental, que durante anos deu margem a uma polêmica muitas vezes extremamente acerba, é a seguinte: Newton explica a luz branca como uma composição de luzes coloridas; Goethe, ao contrário, como a essência mais simples, indecomponível e homogênea que conhecemos. "Não é composta [...] muito menos por luzes coloridas." A *Teoria das cores* considera as cores como metamorfoses da luz, como fenômenos que se produzem na luta da luz com a escuridão. Ao lado da ideia de metamorfose, é importante para Goethe a ideia de polaridade, a qual perpassa todas as suas pesquisas. O escuro não é mera ausência de luz — caso contrário, não seria perceptível —, mas sim uma antiluz positiva. Com a idade avançada, surge nesse contexto o pensamento de que animal e planta talvez tenham se desenvolvido de um estado primevo, através da luz e, por conseguinte, da escuridão. É uma característica peculiar desses estudos científicos que, por intermédio deles, Goethe tanto se aproxima do espírito da escola romântica quanto se opõe a esse espírito em sua estética. — A orientação filosófica de Goethe é menos compreensível a partir de seus escritos poéticos do que de seus escritos científicos. Espinosa permaneceu para ele — desde a iluminação de juventude que se sedimentou no famoso fragmento "Natureza"[26] — o patrono de seus estudos morfológicos. Mais tarde, estes possibilitaram-lhe o confronto com Kant. Enquanto Goethe permanece indiferente à obra crítica principal — à *Crítica da razão pura* — assim como à *Crítica da razão prática* — à ética —, demonstrou máxima admiração pela *Crítica do juízo*. Nesta obra, Kant refuta a explicação teleológica da natureza, que era um dos sustentáculos da filosofia iluminista, do deísmo. Goethe não pôde deixar de concordar com ele nesse ponto, pois suas próprias pesquisas anatômicas e botânicas representavam posições muito avançadas no ataque da ciência natu-

[26] Ver nota 25 do ensaio sobre *As afinidades eletivas*. (N. da E.)

ral contra a ciência teleológica. A definição kantiana do orgânico como uma finalidade cujo fim não se situa fora, mas sim dentro da criatura, que constitui uma finalidade em si, esta definição correspondia aos conceitos de Goethe. A unidade do belo, mesmo do belo natural, é sempre independente de fins — nisso, Kant e Goethe estão de acordo.

Quanto mais Goethe se sentia atingido pela situação europeia, de maneira tanto mais ampla procurava um apoio para sua vida particular. É assim que se deve entender que a relação com a senhora von Stein tenha se dissolvido logo após seu retorno da Itália. A ligação de Goethe com Christiane Vulpius,[27] mais tarde sua esposa, que conhecera logo após o retorno da Itália, representou durante quinze anos um escândalo para a sociedade burguesa de Weimar. Contudo, não se deve considerar esse relacionamento com uma jovem proletária, operária de uma fábrica de flores, como testemunho de uma visão social mais livre por parte do poeta. Também nesses aspectos da constituição de sua vida particular, Goethe não conhecia preceitos, muito menos preceitos revolucionários. No início, Christiane foi apenas o seu caso amoroso. O que houve de notável nesse relacionamento não foi a sua origem, mas sim o seu transcurso. Embora Goethe nunca tivesse conseguido, e talvez nem sequer tenha tentado superar a enorme diferença de nível entre essa mulher e ele próprio;

---

[27] Goethe conheceu Johanna Christiane Sophie Vulpius (1765-1816) em 1788, ao ser abordado pela jovem (operária em uma fábrica de flores artificiais) num parque de Weimar com um pedido de apoio à sua família. Christiane tornou-se sua amante, e após a gravidez e o nascimento de August Goethe (1789-1830) passaram a morar juntos. No dia 17 de outubro de 1806 contraíram matrimônio, na presença apenas do filho adolescente e de Riemer, numa igreja de Weimar. (N. da E.)

embora Christiane representasse um escândalo não apenas para a sociedade pequeno-burguesa de Weimar, devido a suas origens, mas também para os espíritos mais liberais e notáveis, devido à sua conduta de vida; embora nenhum dos dois levasse demasiado a sério a fidelidade conjugal — ainda assim Goethe enobreceu essa ligação, e com ela também a mulher, por meio de uma convicção inabalável, de uma extraordinária perseverança na mais difícil das posições, e levou a corte e a sociedade a reconhecerem a mãe de seu filho através do casamento religioso em 1807, quinze anos após seu primeiro encontro. Mas, com a senhora von Stein, só muito mais tarde, depois de anos de profundo desentendimento, houve uma tênue reconciliação.

Em 1790, Goethe assumiu como ministro de Estado a pasta da Educação e Cultura e, um ano mais tarde, o teatro da corte. Nestas áreas sua influência foi ilimitada, e se expandia de ano para ano. Todos os institutos científicos, todos os museus, a Universidade de Jena, as instituições de ensino técnico, as escolas de canto e as academias de arte encontravam-se sob influência imediata do poeta, que muitas vezes se estendia a minúcias as mais díspares. Paralelamente a isso, sua casa ia adquirindo a fisionomia de um instituto europeu de cultura. Suas atividades de colecionador cobriam todos os campos de suas pesquisas e de seus passatempos. Essas coleções fazem parte do Museu Nacional Goethe, em Weimar, com sua galeria de pinturas, suas salas com desenhos a mão, faianças, moedas, animais empalhados, ossos e plantas, minerais, fósseis, aparelhos de química e física, sem mencionar a coleção de livros e autógrafos. Sua universalidade não conhecia limites. Nos âmbitos em que a maestria artística lhe estava vedada, queria participar pelo menos como amador. Ao mesmo tempo, essas coleções emolduravam uma existência que se desenrolava de maneira cada vez mais representativa aos olhos da Europa. Além disso, conferiram ao poeta a autoridade de que ele precisava como o maior organizador do mecenato principesco que a Alemanha jamais possuiu. Com Voltaire, pela primeira vez se conhecera um literato capaz de garantir a si mesmo uma autoridade europeia e de representar perante os príncipes o prestígio da burguesia através de uma existência de peso tanto espiritual quanto material. Nisso, Goethe é o sucessor imediato de Voltaire. Tanto quanto a posição deste, a de Goethe deve ser entendida politicamente. Ainda que tenha recusado a Revolução Francesa, ele utilizou mais objetiva e mais habilmente do que qualquer outro o crescente poder que a existência de literato passou a ter por meio dela. A situação financeira de Goethe não podia ser comparada à de Voltaire, que na segunda metade de sua vida conseguira atingir um grau de riqueza principesco. Mas, para compreender a surpreendente tenacidade do poeta em questões financeiras, principalmente nas negociações com o editor Cotta,[28] é preciso ter em mente que ele se considerava desde a virada do século o benemérito de um legado nacional.

Durante toda essa década, era Schiller quem o conclamava à produção literária, afastando-o da dispersão provocada pelas tarefas da administração estatal e pela imersão na contemplação da natureza. O primeiro encontro entre os poetas, que se deu logo após o retorno de Goethe da Itália, não teve consequências. Esse fato corresponde exatamente à opinião que cada um fazia do outro. Schiller, naquelas alturas o autor dos dramas *Os salteadores* [*Die Räuber*], *Intriga e amor* [*Kabale und Liebe*], *Fiesko*, *Don Carlos*, representava, com a aspereza de formulações que refletiam sua consciência de classe, a oposição mais forte que se podia

[28] Johann Friedrich Cotta (1764-1832), conhecido como o "editor dos clássicos"; em 1806 conseguiu exclusividade para publicar as obras de Goethe. (N. da E.)

imaginar às tentativas de Goethe de uma mediação moderada. Enquanto Schiller pretendia assumir a luta de classes em toda a sua extensão, Goethe já havia se postado desde muito tempo numa retaguarda fortificada, a partir da qual era possível lançar ofensivas apenas no campo da cultura, limitando, em contraposição, toda atividade política da classe burguesa à defensiva. Do fato de que houve um compromisso entre esses dois homens depreende-se nitidamente como era frágil a consciência de classe da burguesia alemã. O compromisso firmou-se sob o signo da filosofia kantiana. Com vistas a um interesse estético, Schiller abrandou a agressividade ferina das formulações radicais da moral kantiana em suas cartas *Sobre a educação estética do homem* [*Über die ästhetische Erziehung des Menschen*], transformando-as num instrumento de construção histórica. Isso possibilitou um entendimento, ou melhor, uma trégua com Goethe. Com efeito, a amizade entre esses dois homens sempre se caracterizou por uma reserva diplomática, determinada por aquele compromisso. Suas discussões limitaram-se com uma precisão quase amedrontada a problemas formais da arte literária. Sob tal aspecto, todavia, essas discussões fizeram época. A correspondência entre ambos constitui, do princípio ao fim, um documento extremamente equilibrado e bem redigido, e alcançou, por motivos tendenciosos, muito mais prestígio do que a correspondência mais profunda, mais livre e vívida que Goethe manteve com Zelter[29]

[29] O berlinense Carl Friedrich Zelter (1758-1832) foi durante 30 anos um dos amigos mais íntimos de Goethe, e a correspondência de ambos chega a mais de 850 cartas. Professor de música, regente de orquestra, diretor da Academia de Canto de Berlim e também compositor, Zelter musicou cerca de 90 canções de Goethe. A 26 de agosto de 1799, Goethe lhe escreve: "O que é bonito numa participação ativa é que esta é sempre produtiva; pois se as minhas canções lhe ense-

em sua velhice. Com razão, Gutzkow, crítico pertencente ao movimento Jovem Alemanha,[30] falou das "filigranas inconcebíveis das tendências estéticas e teorias artísticas" que, nessa correspondência, movem-se em círculo permanente. Observou também com acerto que o responsável por tal fato é a dissonância gritante em que se confrontam aqui arte e história de maneira irreconciliável. Assim, mesmo em relação às suas maiores obras, os dois poetas nem sempre demonstraram compreensão um pelo outro. "Ele era", diz Goethe em 1829 a respeito de Schiller, "como todas aquelas pessoas que partem demasiadamente da ideia. Também ele não tinha paciência e nunca sabia chegar ao fim [...] Tive sempre que me esforçar para permanecer firme, tentando afastar e proteger tanto as coisas dele quanto as minhas de tais influências".

O incentivo de Schiller tornou-se importante primeiramente para a produção de baladas de Goethe ("O garimpeiro", "O aprendiz de feiticeiro", "A noiva de Corinto", "O deus e a baia-

---

jam melodias, eu posso muito bem dizer que as suas melodias me despertaram para não poucas canções e, vivêssemos nós mais próximos um do outro, eu certamente me sentiria inspirado a criações líricas com mais frequência do que se dá agora". (N. da E.)

[30] Como "Jovem Alemanha" (*Junges Deutschland*) designa-se um grupo de literatos e publicistas que se destacavam pelo posicionamento crítico em relação à sociedade contemporânea. Sua atuação costuma ser localizada entre os anos de 1830 e 1850. No plano político, a revolução parisiense de julho de 1830 foi um dos catalisadores do movimento; no literário, a morte de Goethe, em que Heinrich Heine viu consumar-se o final do chamado "período da arte" (*Kunstperiode*). Entre os principais representantes da Jovem Alemanha estão Karl Ferdinand Gutzkow (1811-1878), Heinrich Laube (1806-1884), Theodor Mundt (1808-1861); próximos ao movimento estiveram ainda o próprio Heine (1797-1856) e Ludwig Börne, que Benjamin cita pouco adiante. (N. da E.)

deira").[31] Foram os *Xenien*,[32] todavia, que se tornaram o manifesto oficial de sua aliança literária. O almanaque surgiu em 1795. Sua linha de combate dirigiu-se contra os inimigos da revista *As Horas* [*Die Horen*], editada por Schiller, dirigiu-se contra o racionalismo vulgar, centrado no círculo berlinense de Nicolai.[33] O ataque deu resultados. O impacto aumentou por meio do interesse anedótico: é que os poetas assinavam conjuntamente e se responsabilizando por tudo, sem revelar a autoria de cada um dos dísticos. Contudo, havia nesse procedimento, mesmo considerando toda a verve e elegância do ataque, um certo desespero. A época da popularidade de Goethe havia passado e, mesmo ganhando autoridade a cada década, nunca mais se tornou um poeta popular. Sobretudo o Goethe tardio tem aquele resoluto desprezo pelo público leitor, o qual é comum a todos os poetas clássicos com exceção de Wieland, e que por vezes encontra a sua expressão mais vigorosa na correspondência entre Goethe e Schiller. Goethe não tinha nenhuma relação direta com o públi-

---

[31] No original: "*Der Schatzgräber, Der Zauberlehrling, Die Braut von Korinth, Der Gott und die Bajadere*". (N. da E.)

[32] Esses *Xenien* foram escritos principalmente entre janeiro e agosto de 1796 e publicados por Schiller, após tê-los selecionado e reduzido a 400, no *Almanaque das Musas* de 1797. Eram dísticos satíricos, em sua forma influenciados pelos *Epigrammata* e *Xenia* do poeta latino Marcial, recebendo por isso a designação de *Xenien* (do grego *Xenion*, "dom da hospitalidade"). (N. da E.)

[33] O livreiro, editor e escritor iluminista Christoph Friedrich Nicolai (1733--1811), antigo amigo de Lessing, era um defensor intransigente de princípios racionalistas e, assim, adversário implacável de tendências românticas, idealistas e também do movimento Tempestade e Ímpeto (publicou uma sátira do romance *Os sofrimentos do jovem Werther*). Tornou-se um dos principais alvos dos *Xenien* e também foi caricaturado no *Fausto I* como o "Proctofantasmista" que surge na "Noite de Valpúrgis" (vv. 4.165-167). (N. da E.)

co. "Ainda que sua influência fosse enorme, jamais viveu ou jamais continuou a viver naquela atmosfera inicial em que ele havia incendiado o mundo." Goethe não conhecia a verdadeira extensão da dádiva positiva com que ele, por meio de sua pessoa, presenteara a Alemanha. E menos ainda soube entrar em harmonia com uma determinada corrente ou tendência. Sua tentativa de estabelecer algo assim com Schiller acabou sendo uma ilusão. Destruir essa ilusão é o motivo justo pelo qual o público alemão do século XIX sempre tentou contrapor Goethe a Schiller e avaliar um pelo outro. A influência de Weimar sobre a massa popular alemã não se concentrava nos dois poetas, mas sim nos periódicos de Bertuch e Wieland, *Allgemeine Literarische Zeitung* e *Teutscher Merkur*.[34] Em 1795, Goethe escreveu: "Não devemos desejar as revoluções que possam preparar na Alemanha o advento de obras clássicas". Tal revolução é justamente a emancipação da burguesia que se deu em 1848, tarde demais para ainda produzir obras clássicas. Essência alemã, espírito da língua alemã — foram estas certamente as cordas em que Goethe tangia suas poderosas melodias, mas a caixa de ressonância desse instrumento não foi a Alemanha, mas sim a Europa de Napoleão.

Goethe e Napoleão tinham a mesma coisa diante dos olhos: a emancipação social da burguesia sob a forma política do despotismo. Era o "impossível", o "incomensurável", o "insuficien-

---

[34] *Allgemeine Literarische Zeitung*, mais propriamente *Allgemeine Literatur-Zeitung*, editado a partir de 1785 em Jena por Friedrich Bertuch (1747-1822), entre outros, foi um dos periódicos de maior sucesso de seu tempo e subsistiu até 1848. O *Teutscher Merkur* foi editado pelo grande romancista Christoph Martin Wieland (1733-1813) entre 1773 e 1789 (como *Neuer Teutscher Merkur* de 1790 a 1810) e também converteu-se logo numa das principais revistas literárias da época. Ambos os órgãos tinham publicação mensal. (N. da E.)

te" que os atormentava como um espinho profundamente encravado. Isso levou Napoleão ao fracasso. De Goethe, ao contrário, pode-se dizer que, quanto mais envelhecia, tanto mais adaptava sua vida a essa ideia política, designando-a conscientemente de incomensurável, insuficiente, elevando-a a uma pequena imagem primeva de sua ideia política. Se fosse possível traçar linhas divisórias, a poesia poderia simbolizar a liberdade burguesa desse Estado, enquanto o regime, em seus assuntos particulares, correspondia totalmente ao aspecto despótico. Na verdade, porém, é possível acompanhar tanto na vida quanto na literatura a interação dessas duas aspirações inconciliáveis: na vida, como liberdade da irrupção do erótico e como o mais severo regime de "renúncia"; na literatura, principalmente na Segunda Parte do *Fausto*, cuja dialética política oferece a chave para o posicionamento de Goethe. Somente nesse contexto torna-se compreensível que o poeta, nos últimos trinta anos, tenha podido submeter completamente sua vida às categorias burocráticas do equilíbrio, da mediação e da contemporização. É insensato querer julgar sua atuação e seu comportamento segundo uma escala ética abstrata. Nessa abstração reside o absurdo contido nas acusações que Börne, em nome da Jovem Alemanha, dirigiu contra Goethe. Justamente em suas máximas e nas características mais notáveis que o regime de sua vida revela, Goethe torna-se compreensível apenas a partir da posição política que criou para si e na qual ele se projetou por inteiro. O parentesco oculto, mas ao mesmo tempo extremamente profundo, dessa posição com a de Napoleão é tão decisivo que a época pós-napoleônica, o poder que derrubou Napoleão, não pôde mais compreendê-la. O filho de pais burgueses ascende, abandona tudo, converte-se no herdeiro de uma revolução cujo poder faz estremecer tudo sob suas mãos (Revolução Francesa; Tempestade e Ímpeto) e, justamente no momento em que abalou da maneira mais profunda o poder das forças obsoletas, ele erige sua própria esfera de poder mediante um golpe de Estado, segundo as mesmas formas antigas e feudais (Império, Weimar).

A hostilidade de Goethe em relação às guerras de libertação,[35] que significou um escândalo insuperável para a história da literatura burguesa, é inteiramente compreensível no contexto de seu condicionamento político. Para Goethe, Napoleão foi, antes de ter fundado o império europeu, o fundador de seu público europeu. Quando finalmente o poeta, em 1815, se deixou convencer por Iffland[36] a escrever uma peça comemorativa para a entrada triunfal das tropas em Berlim, *O despertar de Epimênides* [*Des Epimenides Erwachen*], ele só pôde libertar-se de Napoleão na medida em que se ateve ao caráter caótico e sombrio das forças primitivas que haviam abalado a Europa na figura desse homem. Goethe não conseguia solidarizar-se com os vencedores. Por outro lado, emerge na determinação sofredora, com a qual procura se defender contra o espírito que movia a Alemanha de 1813, a mesma idiossincrasia que lhe tornava insuportável a permanência em hospitais e a proximidade de moribundos. Sua aversão a todo aparato militar significa certamente menos revolta contra a coerção ou mesmo o adestramento militar do que animosidade em relação a tudo aquilo que possa prejudicar

---

[35] Como admirador de Napoleão e da cultura francesa, Goethe não demonstrou simpatia pelas chamadas "guerras de libertação" (*Befreiungskriege*) ou "guerras da liberdade" (*Freiheitskriege*) que se travaram entre 1813 e 1815. Durante esse tempo, refugiou-se em estudos "os mais remotos" (como ele mesmo afirma) e impediu seu filho August de alistar-se no regimento de voluntários de Weimar. (N. da E.)

[36] August Wilhelm Iffland (1759-1814): ator famoso, diretor de teatro e, com uma profusão de peças sentimentais e moralistas, um dos dramaturgos de maior sucesso em seu tempo. (N. da E.)

a figura do ser humano, desde o uniforme até o ferimento. Seus nervos foram submetidos a uma dura prova quando teve que acompanhar o duque, em 1792, na invasão da França pelas forças aliadas. Nessa época, Goethe lançou mão de muitos artifícios para — ocupando-se com a observação da natureza, com estudos ópticos e desenhos — proteger-se dos acontecimentos que testemunhava. A *Campanha da França* [*Kampagne in Frankreich*] é tão importante enquanto contribuição para compreender o poeta quanto é turva e imprecisa enquanto confronto com os eventos da política mundial.

A virada política e europeia constitui a assinatura da mais tardia produção poética de Goethe. Contudo, apenas depois da morte de Schiller é que passou a sentir sob os pés esse terreno mais firme. A grande obra em prosa, retomada ainda sob a influência de Schiller após um longo intervalo e levada à conclusão, *Os anos de aprendizado de Wilhelm Meister* [*Wilhelm Meisters Lehrjahre*], caracterizam a permanência hesitante de Goethe nos vestíbulos do Idealismo, no humanismo alemão, que ele transpôs mais tarde na direção de um humanismo ecumênico. O ideal dos *Anos de aprendizado* — a formação — e o meio social do herói — os comediantes — estão na verdade intimamente interligados, são ambos expoentes daquele domínio intelectual especificamente alemão da "bela aparência", que não tinha muito a dizer à burguesia ocidental em processo de ascensão ao poder. Na verdade, foi quase uma necessidade poética colocar atores no centro de um romance burguês alemão. Com isso, Goethe esquivou-se de todo e qualquer condicionamento político para, vinte anos mais tarde, recuperá-lo de modo tanto mais inescrupuloso na continuação de seu romance de formação. O fato de o poeta, no *Wilhelm Meister*, fazer de um semiartista o herói, isso assegurou ao romance, exatamente porque estava condicionado pela situação alemã do fim do século, a sua influência decisiva. Dos

Anos de aprendizado advieram os romances de artistas[37] do Romantismo, desde o *Heinrich von Ofterdingen*, de Novalis, *Sternbald*, de Tieck, até o *Pintor Nolten*, de Mörike. O estilo da obra corresponde ao conteúdo. "Em nenhuma parte se manifesta o maquinismo lógico ou uma luta dialética das ideias com o assunto; ao contrário, a prosa de Goethe é uma perspectiva de teatro, uma peça refletida, com base na experiência, suavemente sussurrada para compor uma produtiva estrutura intelectual. No romance, as coisas não falam por si mesmas, mas têm de voltar-se ao poeta para se exprimirem. Por isso, essa linguagem é clara e ao mesmo tempo modesta, cristalina, mas sem chamar a atenção, é diplomática ao extremo."

Deve-se à natureza dos dois homens que a atuação de Schiller se fizesse sentir essencialmente como formação, como incentivo à produção goethiana, sem no fundo influir na direção de suas criações. Deve-se talvez a Schiller o fato de Goethe se ter voltado ao gênero da balada, ter retomado os *Anos de aprendizado de Wilhelm Meister* e o fragmento do *Fausto*. Mas quase sempre o efetivo intercâmbio de ideias sobre essas obras girava em torno do aspecto artesanal e técnico. A inspiração de Goethe permaneceu ininfluenciável. Tratava-se de uma amizade com o homem e com o autor Schiller. Mas não era aquela amizade entre poetas, que com frequência se acreditava encontrar aqui. Nem por isso o extraordinário charme e a força da personalidade de Schiller deixaram de envolver Goethe totalmente em sua gran-

---

[37] *Künstlerroman*, no original: variante do romance de formação (*Bildungsroman*) que tem como protagonista um artista — mais propriamente um jovem em busca do desenvolvimento de sua personalidade e, em especial, de sua formação artística. Um dos exemplos pioneiros do gênero é a primeira versão dos *Anos de aprendizado*: *A missão teatral de Wilhelm Meister*. Representante expressivo no século XX é o *Doutor Fausto*, de Thomas Mann. (N. da E.)

deza, e depois da morte de Schiller, ele dedicou-lhe um monumento no "Epílogo ao Sino de Schiller".[38] Depois da morte do poeta, Goethe procedeu a uma reorganização de suas relações pessoais. A partir de então não houve ninguém em torno dele cuja atuação pudesse atingir, mesmo que de maneira aproximada, o patamar em que se encontrava o seu nome. Também não havia praticamente ninguém em Weimar que pudesse ter gozado da confiança de Goethe de uma forma especial. Em contrapartida, com o decorrer do novo século XIX foi crescendo a importância que Zelter, o fundador da Academia de Canto de Berlim, teve para Goethe. Com o tempo, Zelter assumiu para ele a dignidade de um verdadeiro embaixador, representando-o na capital prussiana. Na própria Weimar, o poeta foi formando gradativamente uma equipe de ajudantes e secretários, sem cuja colaboração o colossal legado que ele redigiu nos últimos trinta anos de sua vida jamais poderia ter se consolidado. O poeta colocou por fim toda a sua vida, de uma forma como que chinesa, sob a categoria da escrita. É nesse aspecto que se deve contemplar o grande estúdio de literatura e imprensa com seus assistentes, de Eckermann, Riemer, Soret, Müller, chegando até os escreventes Kräuter e John.[39] As *Conversações com Goethe* [*Ges-*

---

[38] *Epilog zu Schillers Glocke*: longo poema estruturado em 13 estâncias (oitava-rima) em que Goethe, tomando por epígrafe os dois versos finais do poema "Canção do Sino", de Schiller, homenageia o amigo morto. (N. da E.)

[39] Além dos citados Friedrich Theodor Kräuter (1790-1856) e Johann August Friedrich John (1794-1854), também Johann Christian Schuchardt (1799--1870) atuou como "escrevente" (ou secretário) de Goethe. Johann Peter Eckermann (1792-1854) começou a trabalhar com Goethe em 1823, tornando-se um de seus principais colaboradores. Frédéric Jacob Soret (1795-1865), oriundo de uma família huguenote de Genebra (seu pai foi pintor da corte da czarina Catarina II), estudou ciências naturais em Paris e, deslocando-se para Weimar como pre-

präche mit Goethe], de Eckermann, são a fonte principal dessas últimas décadas e, além disso, tornaram-se um dos melhores livros em prosa do século XIX. O que cativava o poeta em Eckermann talvez tenha sido, antes de mais nada, sua tendência incondicional para tudo aquilo que era positivo, de uma maneira como nunca se verifica em espíritos elevados, mas também só raramente nos espíritos mais limitados. Goethe não se relacionou com a crítica em sentido estrito. A estratégia da dinâmica artística, que também o atraía de vez em quando, desenrolava-se nele sob formas ditatoriais: em manifestos, tal como os esboçara com Herder e Schiller, em preceitos, tal como aqueles que redigira para atores e artistas.

Mais independente do que Eckermann, e por isso menos dedicado exclusivamente a Goethe, foi o chanceler von Müller. Também as suas *Conversas com Goethe* [*Unterhaltungen mit Goethe*] fazem parte daqueles documentos que determinaram a imagem do poeta, tal como foi transmitida para a posteridade. Ao lado destes se deve colocar ainda o professor de filologia antiga, Friedrich Riemer, não como interlocutor, mas por sua longa e perspicaz caracterização de Goethe. O primeiro grande documento que surgiu daquele organismo literário criado pelo próprio Goethe, já entrando na velhice, é a autobiografia. *Poesia e verdade* [*Dichtung und Wahrheit*] é uma antecipação de sua vida

---

ceptor dos filhos do duque, logo entrou no círculo de amigos de Goethe e tornou-se seu interlocutor em assuntos de mineralogia, cristalografia, óptica, filosofia da natureza etc. O jurista Friedrich Theodor Müller (1779-1849), chamado a partir de 1815 chanceler (Ministro da Justiça) von Müller, foi designado para Weimar em 1801 e teve carreira altamente bem-sucedida (em 1806 negociou com Napoleão a preservação da autonomia do ducado). Tornou-se amigo próximo e interlocutor de Goethe em questões literárias, artísticas, científicas, políticas etc., tendo sido designado pelo poeta como seu executor testamentário. (N. da E.)

posterior na forma de uma rememoração. Essa retrospectiva da juventude ativa de Goethe fornece o acesso a um dos mais importantes princípios de sua vida. A atividade moral do poeta representa, em última análise, um antagonismo positivo ao princípio cristão do arrependimento: "Procura dar uma continuidade a todas as coisas de tua vida". "O mais feliz dos homens é aquele que consegue unir o fim de sua vida ao início." Havia nisso tudo o impulso de imitar, em sua vida, a imagem do mundo e trazê-la à tona — mundo ao qual se acomodara em sua juventude, ou seja, o mundo da insuficiência, dos compromissos e das contingências: da indecisão erótica e da hesitação política. Somente a partir desse fundamento, a "renúncia" goethiana adquire seu sentido verdadeiro, o sentido de sua terrível ambivalência: Goethe renunciou não somente ao prazer, mas também à grandeza, ao heroísmo. Talvez por isso mesmo essa autobiografia se interrompa antes que o herói tenha alcançado sua posição. Os fatos memoráveis da vida madura despontam esporadicamente na *Viagem à Itália* [*Italienische Reise*], na *Campanha da França* e nos *Diários e anais* [*Tag- und Jahreshefte*]. Na exposição dos anos entre 1750 e 1775, Goethe arrolou uma série de caracterizações dos mais importantes contemporâneos de sua juventude, e Günther,[40] Lenz, Merck e Herder entraram para a história da literatura em parte com os traços cunhados pelas fórmulas goethianas. Nessa exposição, Goethe deu vida não só a eles como também a si próprio, em sua polaridade que se confronta de maneira hostil ou afim com esses amigos ou concorrentes. Está em

---

[40] Não se trata propriamente de um "contemporâneo" de Goethe, mas do poeta do barroco tardio Johann Christian Günther (1695-1723), que Goethe celebra em sua autobiografia *Poesia e verdade* como importante precursor do movimento Tempestade e Ímpeto. (N. da E.)

ação aqui a mesma compulsão que o levou, como poeta dramático, a contrapor Egmont e Orange enquanto homem do povo e homem da corte, Tasso e Antônio enquanto poeta e cortesão, Prometeu e Epimeteu enquanto homem criador e sonhador queixoso — e, finalmente, a contrapor com Fausto e Mefisto a todos eles ao mesmo tempo enquanto facetas do próprio Eu.

A este círculo de colaboradores mais próximos somou-se nesses anos tardios um outro círculo. O suíço Heinrich Meyer,[41] consultor de confiança de Goethe em questões de arte, rigorosamente classicista, ponderado, o colaborador na redação das *Propyläen* e, mais tarde, na direção da revista *Arte e Antiguidade*; o filólogo Friedrich August Wolf,[42] que ao comprovar que as epopeias de Homero se originaram de uma série de poetas desconhecidos, cujos cantos foram mais tarde redigidos e divul-

---

[41] Goethe teve o primeiro encontro com o pintor (e profundo conhecedor da história da arte) Johann Heinrich Meyer (1760-1832) em novembro de 1786, na Itália. Cinco anos depois, convidou-o a Weimar e o hospedou em sua casa; em 1795, Goethe conseguiu-lhe ainda o posto de professor (e, posteriormente, diretor) na Academia de Desenho do ducado. A partir de 1794, Meyer concentrou-se na redação de escritos sobre arte, tornando-se profícuo colaborador das revistas mencionadas por Benjamin: *As Horas*, editada por Schiller, *Propyläen* (nome que Goethe tomou ao pórtico do templo das artes na antiga Grécia), *Arte e Antiguidade* [*Kunst und Altertum*]. (N. da E.)

[42] Friedrich August Wolf (1759-1824), um dos mais célebres filólogos de seu tempo e nome de primeira ordem nos estudos clássicos, visitou Goethe em 1795, iniciando-se um relacionamento que se estendeu até abril de 1824. A teoria de Wolf sobre a verdadeira autoria da *Ilíada* e da *Odisseia*, a chamada "questão homérica", foi exposta no estudo *Prolegomena ad Homerum* (1795), sendo que a sua refutação de uma única autoria (Homero) para as epopeias abalou Goethe profundamente; por isso, ele acolheu com tanto mais satisfação a tese contrária, postulada por Carl Ernst Schubarth (1796-1861) em seu estudo de 1821 *Ideias sobre Homero e sua era* [*Ideen über Homer und sein Zeitalter*]. (N. da E.)

gados sob o nome de Homero, levou Goethe a extrema exasperação, e que juntamente com Schiller participou da tentativa de dar continuidade à *Ilíada* por meio de uma *Aquilíada* [*Achilleis*], que restou como fragmento; Sulpiz Boisserée,[43] o descobridor da Idade Média alemã na pintura, o defensor entusiasta do gótico alemão e, como tal, amigo dos românticos e eleito por todo o Romantismo para atuar como porta-voz de suas convicções artísticas junto a Goethe. (Seus esforços de longos anos tiveram de contentar-se com uma vitória parcial quando Goethe finalmente se mostrou disposto a apresentar à corte uma coleção de documentos e planos relativos à história e ao término da construção da Catedral de Colônia.) Todas essas relações, além de inúmeras outras, são expressão de uma universalidade em prol da qual Goethe conscientemente permitia que se dissolvessem entre si as fronteiras entre o artista, o pesquisador e o diletante: não houve nenhum gênero da poesia e nenhuma linguagem aceitos pelo público alemão sem que Goethe logo se ocupasse deles. O que ele produziu como tradutor, cronista de viagens, mesmo como biógrafo, conhecedor e crítico de arte, físico, educador, mesmo como teólogo, diretor de teatro, poeta da corte, homem da sociedade e ministro, tudo isso serviu para aumentar a fama de sua versatilidade. Mas o espaço vital dessa universalidade tor-

---

[43] Colecionador de arte medieval e intensamente engajado nos planos de retomada da construção da Catedral de Colônia, Johann Sulpiz Boisserée (1783-1854) procurou ganhar o apoio de Goethe para a causa em 1810, enviando-lhe esboços de projeto e uma carta "muito bonita e sensata", como se expressou o poeta. Este o convidou a visitá-lo em Weimar e a visita deu-se em maio de 1811, iniciando-se então uma amizade que, sob o signo da arte (e a despeito da diferença de idade), foi se aprofundando ao longo dos anos. A correspondência de ambos e os diários de Boisserée estão entre as fontes mais importantes sobre o Goethe tardio. (N. da E.)

nou-se para ele, cada vez mais, a Europa e, na verdade, em oposição à Alemanha. Dispensou uma admiração apaixonada aos grandes espíritos europeus que surgiram por volta do final de sua vida, Byron, Walter Scott, Manzoni; e, na Alemanha, ao contrário, incentivou não raro o medíocre e não teve sensibilidade para o gênio de seus contemporâneos Hölderlin, Kleist e Jean Paul.

Paralelamente à autobiografia *Poesia e verdade*, surgiram em 1809 *As afinidades eletivas* [*Die Wahlverwandtschaften*]. Enquanto escrevia este romance, Goethe alcançou pela primeira vez uma compreensão adequada da aristocracia europeia, uma experiência a partir da qual se forma para ele a visão daquele público novo e seguro de sua condição mundana, público para o qual já havia se decidido, vinte anos antes, em Roma, a escrever com exclusividade. *As afinidades eletivas* foram dedicadas a esse público, à aristocracia silésio-polonesa, a lordes, emigrantes, generais prussianos, que se reuniam nas termas da Boêmia em torno, sobretudo, da imperatriz da Áustria. Isso não impediu que o poeta lançasse uma luz crítica sobre as condições de vida dessas pessoas. Pois *As afinidades eletivas* desenham uma imagem tênue, mas muito aguda da decadência da família no interior da classe que era então a dominante. Mas o poder ao qual sucumbe essa instituição em seu processo de decomposição não é a burguesia, mas sim a sociedade feudal, restaurada em seu estado primitivo sob a forma de forças mágicas do destino. Quinze anos antes, Goethe colocara na boca da personagem Magister, em seu drama da revolução *Os agitados*, as palavras: "Essa raça arrogante não consegue desvencilhar-se do tremor oculto que atravessa todas as forças vivas da natureza, não consegue negar a relação em que palavras e efeito, ação e consequência, permanecem eternamente vinculados" — e estas palavras sobre a nobreza são o motivo mágico-patriarcal do romance. É a mesma mentalidade que, nos *Anos de peregrinação de Wilhelm Meister* [*Wilhelm Meisters Wan-*

derjahre], reconduz até mesmo as tentativas mais decisivas de plasmar a imagem de uma burguesia plenamente desenvolvida a uma cópia de associações místicas medievais — a sociedade secreta da Torre. O desdobramento do mundo cultural burguês, que Goethe consumou de uma forma muito mais universal do que qualquer precursor ou sucessor, só pôde ser concebido por ele no âmbito de um Estado feudal aristocratizado. E quando a crise econômica da Restauração alemã, que abrangeu os últimos vinte anos de sua atuação, intensificou o estranhamento de Goethe em relação à Alemanha, esse feudalismo anelado adquiriu traços patriarcais oriundos do Oriente. Assim despontou a Idade Média oriental no *Divã do Ocidente e do Oriente.*

Com um novo tipo de lírica filosófica da literatura alemã e europeia, esse livro alcançou ao mesmo tempo a maior personificação poética do amor de velhice. Não foram apenas necessidades políticas que remeteram Goethe para o Oriente. A poderosa florescência tardia que a paixão erótica de Goethe desdobrou na mais avançada idade permitiu-lhe vivenciar a própria velhice como renovação, até mesmo como roupagem que teve de fundir-se com aquela roupagem oriental na qual o seu encontro com Marianne von Willemer se convertera numa festa breve e inebriante.[44] O *Divã do Ocidente e do Oriente* é o canto póstumo dessa festa. Goethe apreendia história, passado, apenas na medida em que lograva incorporá-los à sua existência. Na sequência de suas paixões, a senhora von Stein representa a personificação da Antiguidade, Marianne von Willemer a do Oriente, Ulrike von Levetzow, o seu último amor, a fusão dessas manifestações com as imagens dos contos maravilhosos alemães de sua juven-

[44] Sobre Marianne von Willemer (1784-1860) ver a nota 39 do ensaio sobre *As afinidades eletivas*. (N. da E.)

tude.[45] É esse o ensinamento da "Elegia de Marienbad", sua derradeira obra amorosa. Goethe enfatizou o caráter didático de seu último volume de poemas por meio de notas referentes ao *Divã*, nas quais, baseando-se em Hammer-Purgstall e Diez,[46] apresenta ao público os seus estudos orientais. Nas amplitudes da Idade Média oriental, em meio a príncipes e vizires, em face de exuberantes cortes imperiais, Goethe põe a máscara do despojado Hatem, vagabundo e beberrão, e assim assume poeticamente aquele traço oculto de seu ser, o qual confidenciara certa vez a Eckermann: "Edifícios e aposentos suntuosos são para príncipes e abastados. Quando se vive neles, sente-se tranquilo [...] e não se deseja mais nada. Isso se opõe frontalmente à minha natureza. Numa residência suntuosa, tal como a que tive em Karlsbad,

---

[45] Goethe conheceu a jovem Ulrike Theodore Sophie Levetzow (1804-1899) em agosto de 1821, quando esteve hospedado na casa de seu avô na estância mineral de Marienbad, na Boêmia. Reencontrou-a no ano seguinte no mesmo local e dedicou-lhe então alguns poemas. Na terceira estada em Marienbad, em agosto de 1823, irrompeu a paixão do poeta de setenta e quatro anos pela moça de dezenove, e o pedido formal de casamento foi feito por intermédio do duque Karl August. A resposta foi evasiva e proteladora, o que de início alimentou esperanças em Goethe. Contudo, retornando de Karlsbad (para onde seguira a família Levetzow) a Weimar em setembro, exprimiu a vivência da paixão e da renúncia na chamada "Elegia de Marienbad" (ver nota 59 do ensaio sobre *As afinidades eletivas*). (N. da E.)

[46] Durante a elaboração do *Divã*, Goethe apoiou-se largamente nos estudos e traduções desses dois orientalistas citados por Benjamin: Heinrich Friedrich von Diez (1751-1817) e Joseph von Hammer, a partir de 1835 Freiherr (barão) von Hammer-Purgstall (1774-1856). Nas "Notas e tratados para melhor compreensão do *Divã do Ocidente e do Oriente*", que se seguem aos poemas, Goethe dedicou-lhes respectivamente uma sessão elucidando e enaltecendo essa influência. (N. da E.)

torno-me de imediato preguiçoso e inativo. Uma casa mais modesta, ao contrário, como este quarto ruim em que estamos, arrumado de maneira um tanto desarrumada, um pouco cigano, é a coisa certa para mim; deixa total liberdade de ação à minha natureza interior e me permite agir a partir de mim mesmo". Na figura de Hatem, Goethe, reconciliado com a experiência de seus anos viris, passa a palavra mais uma vez ao elemento inconstante e selvagem de sua juventude. Em muitas dessas canções, o poeta, com seus poderosos recursos, deu à sabedoria de mendigos, bêbados e andarilhos a forma mais elevada que jamais encontraram.

Os anos de peregrinação de Wilhelm Meister deixam aflorar de maneira a mais abrupta o caráter didático de sua obra tardia. O romance, abandonado por muito tempo, e por fim concluído de maneira precipitada, repleto de incongruências e contradições, foi tratado pelo poeta como um receptáculo, no qual permitiu que Eckermann incluísse o conteúdo de seus cadernos de anotações. As inúmeras novelas e episódios que compõem a obra interligam-se de maneira solta. Seu episódio mais importante é a "Província pedagógica", uma composição estranhamente híbrida, na qual se pode vislumbrar o confronto de Goethe com as grandes obras socialistas de um Sismondi, Fourier, Saint-Simon, Owen e Bentham. A influência deles provavelmente não proveio de uma leitura direta; entre os contemporâneos de Goethe, tal influência era suficientemente forte para levá-lo a tentar estabelecer uma relação entre as tendências feudais e as pragmáticas tendências burguesas que aparecem de maneira decisiva nesses escritos. Essa síntese se faz às expensas do ideal de formação classicista, que recua em toda a sua extensão. É muito característico que a agricultura surja como obrigatória, enquanto nada se diz sobre o ensino de línguas mortas. Os "humanistas" dos *Anos de aprendizado* se tornaram todos artesãos: Wilhelm tornou-se cirurgião; Jarno, mineiro; Philine, costureira. Goethe assimilou de Pestalozzi[47] a ideia da formação profissional. Aqui retorna o elogio dos ofícios que Goethe já menciona nas *Cartas suíças de Werther*. Nesses anos em que os problemas da indústria começavam a ocupar os economistas nacionais, isso representava uma posição reacionária. No mais, os pensamentos socioeconômicos, em prol dos quais Goethe se pronuncia aqui, correspondem à ideologia da filantropia burguesa em sua configuração utópica. "Propriedade e bem comum" proclama uma inscrição nas exemplares propriedades rurais do Oheim. Um outro lema: "Do útil ao belo por meio do verdadeiro". O mesmo sincretismo exprime-se de modo característico também no ensino religioso. Se Goethe, por um lado, é um inimigo declarado do Cristianismo, por outro lado ele respeita na religião a mais sólida garantia de toda e qualquer forma social hierárquica. Sim, aqui ele se reconcilia até mesmo com a imagem da Paixão de Cristo, que por decênios despertara sua mais profunda aversão. Na figura de Makarie,[48] exprime-se em sua forma mais

---

[47] Embora nunca tivesse tido contato pessoal com o educador e escritor suíço Johann Heinrich Pestalozzi (1746-1827), Goethe sempre acompanhou com interesse seus esforços pedagógicos e visitou em agosto de 1814 a escola de um de seus discípulos em Wiesbaden, lendo nessa ocasião o romance *Lienhard e Gertrud*, que Pestalozzi publicou entre 1781 e 1787. No entanto, em algumas ocasiões Goethe manifestou severas críticas a concepções do educador suíço. (N. da E.)

[48] Makarie é a personagem mais misteriosa dos *Anos de peregrinação*, surgindo pela primeira vez no capítulo 10 do livro I, quando Wilhelm Meister, acompanhado de seu filho Felix, visita-a em seu castelo. Se aqui ela se apresenta como anciã benfazeja, sábia e, assim, conselheira inestimável, no capítulo 15 do livro III ela surge como "vidente" miraculosa, ligada por forças mágicas aos astros e trazendo em seu íntimo todo o sistema solar. O capítulo começa com as palavras: "Makarie encontra-se perante o nosso sistema solar numa relação que mal se ousaria explicitar aqui; no espírito, na alma, na imaginação, ela o acalenta — e não

pura a ordem da sociedade em sentido goethiano, isto é, mediante normas patriarcais e cósmicas. Suas experiências na atividade política e prática não puderam influenciar essas suas convicções fundamentais, embora com muita frequência as tivessem contrariado. Assim, a tentativa de fundir aquelas experiências e estas convicções, expressando-as na totalidade de uma obra literária, só pôde permanecer fragmentária, como o demonstra a estrutura do romance. E no próprio poeta manifestam-se reservas últimas quando ele procura o futuro mais feliz e mais harmônico de suas personagens na América. O final do romance as faz emigrar para lá. A isso se deu o nome de uma "fuga organizada, comunista".

Se Goethe, em seus anos de produção maduros, desvia-se frequentemente do poético para, em suas pesquisas teóricas ou negócios administrativos, entregar-se de maneira mais descontraída aos impulsos de sua vontade e inclinação, então o grande fenômeno de seus últimos anos foi o modo pelo qual o círculo imensurável de seus contínuos estudos de filosofia da natureza, de mitologia, literatura, arte, filologia, também de sua antiga ocupação com mineração, finanças, atividade teatral, maçonaria e diplomacia — como todo esse círculo se adensa concentricamente em torno de uma última obra de porte, a Segunda Parte do *Fausto*. Segundo seu próprio testemunho, Goethe trabalhou nas duas partes da obra por mais de sessenta anos. Em 1775 ele trouxe o primeiro fragmento, o chamado *Urfaust*, para Weimar. Esse manuscrito já contém algumas das características principais

---

o contempla tão somente, mas como que constitui uma parte do mesmo; ela se vê empuxada naqueles círculos celestiais, mas de maneira muito especial e, como se descobriu agora, numa espiral, afastando-se sempre do centro e girando rumo às regiões extremas". (N. da E.)

da obra posterior: a figura de Margarida, ingênua imagem de oposição a Fausto, o primitivo homem sentimental, mas também a filha proletária, a mãe solteira, a infanticida que é executada e na qual a ardente crítica social do movimento Tempestade e Ímpeto já havia se nutrido longamente em poemas e dramas; a figura de Mefistófeles, já então muito menos o demônio da doutrina cristã do que o espírito telúrico das tradições mágicas e cabalísticas; e, por fim, em Fausto o homem primitivo titânico, o irmão gêmeo de um Moisés planejado em épocas passadas e que também devia tentar arrancar do Deus-natureza o segredo da criação. Em 1790 foi publicado o fragmento do *Fausto*. Em 1808, Goethe preparou a Primeira Parte para a primeira edição de suas obras na editora de Cotta. Aqui o enredo delineia-se pela primeira vez em seus traços fortes. Ele se estrutura a partir do "Prólogo no Céu", que traz a aposta de Deus e Mefisto pela alma de Fausto. Deus concede ao demônio toda a liberdade de ação em relação a Fausto. Este, porém, sela com o demônio servil o pacto de só ver-se obrigado a submeter-lhe a alma se disser ao instante:

> "Oh, para! és tão formoso!
> Então algema-me a contento,
> Então pereço venturoso!
> Repique o sino derradeiro,
> A teu serviço ponhas fim,
> Pare a hora então, caia o ponteiro,
> O Tempo acabe para mim!"[49]

---

[49] Versos da segunda cena "Quarto de trabalho" (1.700-76), citados segundo a tradução de Jenny Klabin Segall (*Fausto I*, São Paulo, Editora 34, 2004). (N. da E.)

Mas o ponto crucial da obra é o seguinte: a ambição selvagem e inquieta de Fausto pelo absoluto frustra a arte de sedução de Mefisto e o círculo dos prazeres sensuais é logo percorrido sem aprisionar Fausto:

> "E assim, baqueio do desejo ao gozo,
> E no gozo arfo, a ansiar pelo desejo."[50]

A busca de Fausto impele-o ao ilimitado, de maneira tanto mais decisiva quanto mais longamente subsiste essa busca. No cárcere de Margarida chega ao fim sob lamentações a Primeira Parte do drama. Observada em si mesma, essa Primeira Parte é uma das mais sombrias criações de Goethe. E dela se pôde dizer que a lenda de Fausto expressou no século XVI, como lenda universal, e no século XVIII como tragédia universal da burguesia alemã, de que maneira esta classe perdeu a partida em ambos os casos. Com a Primeira Parte encerra-se a existência burguesa de Fausto. Os cenários políticos da Segunda Parte são cortes imperiais e palácios antigos. Os contornos da Alemanha goethiana que transparece através da Idade Média romântica da Primeira Parte desaparecem na Segunda Parte, e toda a colossal cadeia de pensamentos para a qual leva essa última parte está ligada em última instância à presentificação do barroco alemão, que o poeta utiliza como instrumento para observar a Antiguidade. Goethe, que durante toda a sua vida se esforçou em enxergar justamente a Antiguidade clássica de maneira a-histórica e como que num espaço vazio, esboça agora na fantasmagoria clássico-romântica de "Helena" a primeira imagem grandiosa da Antiguidade, contemplada por ele mediante o passado do germanismo. Em tor-

---

[50] Versos da cena "Floresta e gruta" (3.249-50), na tradução de Jenny Klabin Segall. (N. da E.)

no dessa peça, que mais tarde se constituiu no terceiro ato do *Fausto II*, estruturam-se as demais partes da obra. Não se pode enfatizar de modo suficientemente vigoroso quanta apologia política, quanta experiência da antiga atividade palaciana de Goethe está presente nessa parte posterior, especialmente nas cenas que transcorrem na corte imperial e nos acampamentos militares! Se o poeta teve por fim de concluir sua atividade ministerial com profunda resignação, com uma capitulação diante das intrigas de uma cortesã do duque,[51] ele esboça no fim de sua vida uma Alemanha ideal da época do barroco, na qual ele intensifica em escala grandiosa todas as possibilidades de atuação estatal, mas ao mesmo tempo leva ao grotesco todas as insuficiências dessa atuação. Mercantilismo, Antiguidade e experimento místico com a natureza: aperfeiçoamento do Estado por meio das finanças, da arte por meio da Antiguidade e da natureza por meio do experimento — assim se constitui a assinatura da época que Goethe evoca, a época do barroco europeu. E não se trata em

---

[51] Benjamin refere-se a Caroline Henriette Friederike Jagemann (1777-1848), filha do bibliotecário da duquesa Anna Amalia (1739-1807), a qual lhe patrocinou uma formação de atriz e cantora de ópera em Mannheim. Retornando a Weimar em 1797, foi contratada por Goethe, então diretor do teatro e da ópera locais. Desde o início, o temperamento forte e a ambição da bela loura causaram atritos com Goethe e outros nomes do meio artístico weimariano, sendo que a posição de Jagemann se fortaleceu sobremaneira a partir de 1802, quando se tornou amante do duque (com quem teve três filhos). A disputa com Goethe atingiu um ponto culminante por ocasião da encenação, em 1817, da peça *O cachorro do senhor Aubry*, do vienense Ignaz Castelli: Jagemann levou um cão adestrado ao palco, infringindo uma regra explícita do diretor. Goethe, que via no teatro um espaço de formação humanista e, assim, terminantemente vedado a animais como cães e macacos (pelos quais nutria especial aversão), solicitou ao duque o desligamento de suas funções teatrais, sendo prontamente atendido. (N. da E.)

última análise de uma necessidade estética discutível, mas sim da mais íntima necessidade política dessa obra que no final do quinto ato se abra o céu católico, com a figura de Margarida como uma das penitentes. Goethe havia enxergado muito a fundo para que pudesse satisfazer-se com o seu retorno utópico ao absolutismo do principado protestante do século XVIII. Soret fez uma profunda observação sobre o poeta: "Goethe é liberal em sentido abstrato, mas na prática ele tende para os princípios mais reacionários".[52] Nessa condição que coroa a vida de Fausto, Goethe permite que o espírito de sua atividade prática venha à tona: conquistar terras ao mar — uma ação que prescreve história à natureza, que inscreve a natureza na história, esse era o conceito goethiano de eficácia histórica, e todas as formas políticas só lhe eram essencialmente boas para preservar, garantir tal eficácia. Num entrelaçamento misterioso e utópico de ação e produção agrotécnica com o aparato político do Absolutismo, Goethe viu a fórmula mágica pela qual a realidade das lutas sociais deveria se dissolver no nada. Poderio feudal sobre terras administradas à maneira burguesa — esta é a imagem contraditória em que a suprema felicidade de vida de Fausto encontra a sua expressão.

Goethe morreu no dia 22 de março de 1832, logo após a conclusão da obra. Por ocasião de sua morte, o processo de industrialização da Europa se encontrava em crescimento desenfreado. Goethe previu esse desenvolvimento. Numa carta de 1825 a Zelter, lê-se o seguinte: "Riqueza e rapidez, eis o que o mundo admira e o que todos almejam. Ferrovias, correio expresso, na-

---

[52] Estas palavras de Soret datam de 19 de agosto de 1830 — portanto, apenas alguns dias depois da revolução de julho em Paris, à qual Goethe, leitor assíduo do jornal *Le Globe*, reagiu com extrema preocupação: "*Goethe est libéral d'une manière abstraite, mais dans la pratique il penche pour les principes ultra*". (N. da E.)

vios a vapor e todas as possíveis facilidades de comunicação são as coisas que o mundo culto ambiciona a fim de se sofisticar e, desse modo, persistir na mediocridade. É também consenso geral que uma cultura mediana se torne comum: é para essa direção que se encaminham as sociedades bíblicas, a metodologia lancasteriana[53] e não sei mais o quê. Na verdade, é o século apropriado para as cabeças capazes, para pessoas práticas e de raciocínio rápido que, munidas de certa desenvoltura, percebem sua superioridade sobre a multidão, ainda que elas mesmas não tenham talento para atingir o mais elevado. Atenhamo-nos tanto quanto possível à mentalidade da qual viemos: com talvez mais alguns poucos, seremos os últimos de uma época que tão cedo não retornará". Goethe sabia que sua influência imediata seria fraca e, de fato, a burguesia na qual revivia a esperança na construção da democracia alemã se apegou a Schiller. Os primeiros protestos literariamente importantes provieram dos círculos da Jovem Alemanha. Nesse sentido, expressou-se Börne: "Goethe sempre adulou o egoísmo e a insensibilidade; por isso, amam-no os insensíveis. Ele ensinou as pessoas cultas como se pode ser culto, liberal e sem preconceitos e, mesmo assim, ser um egocêntrico; como se podem ter todos os vícios sem a sua crueza, todas as fraquezas sem o seu ridículo; como se pode conservar o espírito limpo da impureza do coração, pecar com decência, enobrecer e depurar a matéria de toda infâmia por meio de uma bela forma artística. E porque ele assim as ensinou, prezam-no as pessoas cultas". O centenário do nascimento de Goethe, em 1849, transcorreu sem

---

[53] Em 1818, o duque empenhou-se em introduzir em escolas de Weimar a metodologia aplicada em Londres, no final do século XVIII, por Joseph Lancaster (1778-1838). Um de seus princípios consistia em levar alunos mais velhos e adiantados a ensinar, sob supervisão de um adulto, os alunos mais atrasados. (N. da E.)

ressonância, comparado com o de Schiller dez anos mais tarde, que se configurou numa grande demonstração da burguesia alemã. A imagem de Goethe passou para o primeiro plano somente na década de 1870, depois da criação do Império alemão, quando a Alemanha estava à procura de representantes monumentais de seu prestígio nacional. Os dados principais: fundação da Sociedade Goethe sob o patrocínio dos príncipes alemães; a edição *Sophie*[54] de suas obras sob influência principesca; cunhagem da imagem imperialista de Goethe nas universidades alemãs. Mas, a despeito da literatura incalculável produzida pela filologia goethiana, a burguesia, para os seus objetivos, só pôde utilizar-se de maneira muito incompleta desse espírito poderoso, para não indagar até que ponto ela realmente conseguiu penetrar em suas intenções. Toda a sua produção está repleta de reservas contra essa classe. E se Goethe instituiu-lhe uma obra poética de alto valor, ele o fez de rosto virado. Ele também não teve nem de longe influência que correspondesse ao seu gênio, e até mesmo renunciou voluntariamente a alcançar essa possível influência. E ele procedeu assim para dar aos conteúdos que trazia em si a forma que resistiu até hoje à sua dissolução pela burguesia, porque essa forma pôde permanecer ineficaz, mas não pôde ser falseada nem banalizada. Essa intransigência do poeta em relação à mentalidade do burguês médio, e com isso uma nova faceta de sua produção, tornou-se atual com a reação ao naturalismo. O neor-

[54] Trata-se da edição histórico-crítica de Weimar (*Weimarer Ausgabe*), publicada entre 1887 e 1919 em 143 volumes. O projeto nasceu por iniciativa da grã-duquesa Sophie Wilhelmine Marie Louise (1824-1897), que havia herdado do neto de Goethe, Walther Wolfgang von Goethe (1818-1885), o espólio do poeta. Assim, a edição de Weimar é conhecida também como *Sophie-Ausgabe*. (N. da E.)

romantismo (Stefan George, Hugo von Hofmannsthal, Rudolf Borchardt),[55] no qual pela última vez poetas burgueses de alto nível, sob o patrocínio das autoridades feudais enfraquecidas, empreenderam a tentativa de salvar a frente burguesa pelo menos no âmbito cultural — esse neorromantismo deu à filologia goethiana um significativo estímulo científico (Konrad Burdach, Georg Simmel, Friedrich Gundolf).[56] Essa orientação investigou principalmente estilo e obras da fase tardia de Goethe, o que havia passado despercebido ao século XIX.

(1926-1928)

Tradução de Irene Aron e Sidney Camargo

---

[55] Ver nota 52 do ensaio sobre *As afinidades eletivas*. (N. da E.)

[56] Walter Benjamin cita aqui três proeminentes nomes da filologia goethiana nas primeiras décadas do século XX: Carl Ernst Konrad Burdach (1859-1936), que escreveu importantes textos sobre a obra de Goethe (em especial sobre o *Fausto*), o sociólogo Georg Simmel (1858-1918), que em 1913 publicou o seu estudo *Goethe* (e, já em 1906, *Kant e Goethe: sobre a história da moderna concepção de mundo*), e Friedrich Gundolf (1880-1931), cuja monografia *Goethe* apareceu em 1916 (ver nota 34 do ensaio sobre *As afinidades eletivas*). (N. da E.)

Sobre os textos

"*As afinidades eletivas* de Goethe" ("Goethes *Wahlverwandtschaften*") foi publicado originalmente em duas partes, em 1924 e 1925, na revista *Neue Deutsche Beiträge*, editada por Hugo von Hofmannstahl. A presente tradução, realizada por Mônica Krausz Bornebusch, tomou por base a versão editada no vol. I/1 dos *Gesammelte Schriften* de Walter Benjamin (Frankfurt am Main, Suhrkamp, 1977, pp. 123-201).

O ensaio "Goethe" foi escrito originalmente entre 1926 e 1928 como verbete para a *Grande Enciclopédia Soviética*, mas apenas uma mínima parte foi publicada. A presente tradução, realizada por Irene Aron e Sidney Camargo, utilizou a versão editada no vol. II/2 dos *Gesammelte Schriften* de Benjamin (Frankfurt am Main, Suhrkamp, 1977, pp. 705-39), e foi publicada anteriormente em *Documentos de cultura, documentos de barbárie: escritos escolhidos* (organização e apresentação de Willi Bolle, São Paulo, Edusp/Cultrix, 1986).

Para a publicação no presente volume, as traduções foram revistas e cotejadas por Marcus Vinicius Mazzari, autor também das notas que acompanham os textos desta edição, assinaladas com (N. da E.).

Sobre o autor

Walter Benjamin nasceu em 15 de julho de 1892, na cidade de Berlim, Alemanha. Em 1912 inicia seus estudos de Filosofia, primeiramente em Freiburg e, mais tarde, em Berlim — onde, durante alguns meses, em 1914, assume a presidência da União Livre dos Estudantes — e Munique. Em 1917, Benjamin casa-se com Dora Sophie Pollack e, para evitar o serviço militar, mudam-se para a Suíça, onde conclui seu doutorado — *O conceito de crítica de arte no romantismo alemão* (1919) — na Universidade de Berna. No ano seguinte retorna à Alemanha, onde sobrevive com dificuldades. Em 1923, obtém apoio financeiro do pai para redigir sua tese de livre-docência, *Origem do drama barroco alemão* (1925), que será recusada pela Universidade de Frankfurt. Nessa época, seus principais interlocutores são Gershom Scholem e Ernst Bloch.

A partir do encontro em Capri com Asja Lacis, assistente teatral de Bertolt Brecht, em 1924, orienta suas leituras na direção do marxismo. No início dos anos 1930, concebe as bases de sua obra mais ambiciosa, que permanecerá inconclusa, *O trabalho das passagens*. Em 1933, com a perseguição aos judeus, foge da Alemanha, passando a levar uma vida precária e nômade, hospedando-se em pensões de Paris, Ibiza, San Remo ou na casa de amigos — como Brecht, com quem passará pelo menos duas temporadas em Svendborg, na Dinamarca. Sobrevive escrevendo artigos para *Frankfurter Zeitung* e *Literarische Welt* e ensaios para a revista do Institut für Sozialforschung, dirigido por Theodor W. Adorno e Max Horkheimer. Em 1940, na iminência da invasão de Paris pelas tropas alemãs, Benjamin confia vários de seus escritos a Georges Bataille, que os guarda na Biblioteca Nacional, e foge para o sul da França. Na noite de 26 para 27 de setembro, em Port-Bou, na fronteira com a Espanha, suicida-se ingerindo tabletes de morfina.

Publicou:

Crítica

Der Begriff der Kunstkritik in der deutschen Romantik [O conceito de crítica de arte no Romantismo alemão]. Berna: Francke, 1920.

Ursprung des deutschen Trauerspiels [Origem do drama barroco alemão]. Berlim: Rowohlt, 1928.

Einbahnstrasse [Rua de mão única]. Berlim: Rowohlt, 1928.

Deutsche Menschen [Personalidades alemãs] (org.). Lucerna: Vita Nova, 1936 [sob o pseudônimo de Detlef Holz].

Gesammelte Schriften [Escritos reunidos]. Rolf Tiedemann & Hermann Schweppenhäuser (orgs.). Frankfurt: Suhrkamp, 7 vols.:

I. 1, 2, 3: *Abhandlungen* [Tratados]. Rolf Tiedemann & Hermann Schweppenhäuser (orgs.), 1974.

II. 1, 2: *Aufsätze, Essays, Vorträge* [Textos, ensaios, conferências]. Rolf Tiedemann & Hermann Schweppenhäuser (orgs.), 1977.

III: *Kritiken und Rezensionen* [Críticas e resenhas]. Hella Tiedemann-Bartels (org.), 1972.

IV. 1, 2: *Kleine Prosa, Baudelaire-Übertragungen* [Pequenos textos em prosa, traduções de Baudelaire]. Tillman Rexroth (org.), 1972.

V. 1, 2: *Das Passagen-Werk* [O trabalho das passagens]. Rolf Tiedemann (org.), 1982.

VI: *Fragmente vermischten Inhalts. Autobiographische Schriften* [Fragmentos diversos. Escritos autobiográficos]. Rolf Tiedemann & Hermann Schweppenhäuser (orgs.), 1985.

VII. 1, 2: *Nachträge* [Adendos]. Rolf Tiedemann & Hermann Schweppenhäuser (orgs.), 1989.

Obras publicadas no Brasil

"A obra de arte na época de sua reprodutibilidade técnica", *in Revista da Civilização Brasileira*, ano IV, nº 19-20. Tradução de Carlos Nelson Coutinho. Rio de Janeiro: Civilização Brasileira, 1968 [tradução do francês].

"A obra de arte na época de sua reprodutibilidade técnica", *in Teoria da cultura de massa*. Organização de Luiz Costa Lima. Rio de Janeiro: Saga, 1969.

"A obra de arte na época de suas técnicas de reprodução", *in A ideia do cinema*. Seleção, tradução e prefácio de José Lino Grünewald. Rio de Janeiro: Civilização Brasileira, 1969; 2ª edição, 1975 [tradução do francês].

"A obra de arte no tempo de suas técnicas de reprodução", *in Sociologia da arte IV*. Organização de Gilberto Velho. Rio de Janeiro: Zahar, 1969.

"Uma profecia de Walter Benjamin", *in Mallarmé*. Organização e tradução de Augusto de Campos, Décio Pignatari e Haroldo de Campos. São Paulo: Perspectiva, 1974 [tradução de Haroldo de Campos e Flávio R. Khote de alguns trechos de *Rua de mão única*: "Revisor de livros juramentados" e "Material didático"].

"Paris, capital do século XIX", *in Teoria da literatura em suas fontes*. Organização de Luiz Costa Lima. Tradução de Maria Cecília Londres. Rio de Janeiro: Francisco Alves, 1975; 2ª edição, 1983 [tradução do francês].

A modernidade e os modernos. Tradução de Heindrun Krieger Mendes da Silva, Arlete de Brito e Tania Jatobá. Rio de Janeiro: Tempo Brasileiro, 1975.

Benjamin, Adorno, Horkheimer, Habermas. São Paulo: Abril Cultural, 1975 (Coleção Os Pensadores) ["A obra de arte na época de suas técnicas de reprodução", tradução de José Lino Grünewald; "Sobre alguns temas em Baudelaire", tradução de Edson Araújo Cabral e José Benedito de Oliveira Damião (tradução do italiano); "O narrador", tradução de Modesto Carone; "O surrealismo", tradução de Erwin Theodor Rosenthal].

Origem do drama barroco alemão. Tradução, apresentação e notas de Sérgio Paulo Rouanet. São Paulo: Brasiliense, 1984. Nova edição: *Origem do drama trágico alemão*. Tradução de João Barrento. Belo Horizonte: Autêntica, 2011.

Haxixe. Apresentação de Olgária C. F. Matos. Tradução de Flávio de Menezes e Carlos Nelson Coutinho. São Paulo: Brasiliense, 1984. Nova edição: *Imagens de pensamento/Sobre o haxixe e outras drogas*. Tradução de João Barrento. Belo Horizonte: Autêntica, 2013.

Reflexões: a criança, o brinquedo e a educação. Tradução de Marcus Vinicius Mazzari. São Paulo: Summus, 1984. Nova edição: *Reflexões sobre a criança, o brinquedo e a educação*. Tradução, apresentação e notas de Marcus Vinicius Mazzari. Posfácio de Flávio Di Giorgi. São Paulo: Duas Cidades/Editora 34, 2002; 2ª edição, 2009.

Obras escolhidas I — Magia e técnica, arte e política. Tradução de Sérgio Paulo Rouanet. Prefácio de Jeanne Marie Gagnebin. São Paulo: Brasiliense, 1985; 10ª edição, 1996.

Documentos de cultura, documentos de barbárie: escritos escolhidos. Organização e apresentação de Willi Bolle. Tradução de Celeste H. M. Ribeiro de Souza *et al*. São Paulo: Edusp/Cultrix, 1986.

Obras escolhidas II — Rua de mão única. Infância em Berlim por volta de 1900. Imagens do pensamento. Tradução de Rubens Rodrigues Torres Filho e José Carlos Martins Barbosa. São Paulo: Brasiliense, 1987; 5ª edição, 1995. Nova edição: *Rua de mão única. Infância berlinense: 1900*. Tradução de João Barrento. Belo Horizonte: Autêntica, 2013.

Obras escolhidas III — Charles Baudelaire: um lírico no auge do capitalismo. Tradução de José Carlos Martins Barbosa e Hemerson Alves Baptista. São Paulo: Brasiliense, 1989; 3ª edição, 1995.

Diário de Moscou. Organização de Gary Smith. Prefácio de Gershom Scholem. Tradução de Hildegard Herbold. São Paulo: Companhia das Letras, 1989.

"A tarefa do tradutor", *in Cadernos do Mestrado/Literatura*, nº 1. Tradução coletiva. Rio de Janeiro: UERJ, 1992.

O conceito de crítica de arte no romantismo alemão. Tradução, prefácio e notas de Márcio Seligmann-Silva. São Paulo: Iluminuras/Edusp, 1993; 2ª edição, 1999.

Correspondência 1933-1940, de Walter Benjamin e Gershom Scholem. Tradução de Neusa Soliz. São Paulo: Perspectiva, 1993.

"O sentido da linguagem no drama (Lutilúdio) e na tragédia", "Lutilúdio (*Trauerspiel*) e tragédia", "Destino e caráter", *in Peter Szondi e Walter Benjamin: ensaios sobre o trágico*, vol. II. Organização de Kathrin Rosenfield. Tradução de Kathrin Rosenfield e Christian Werner. *Cadernos do Mestrado/Literatura*, nº 12. Rio de Janeiro: UERJ, 1994.

Passagens. Introdução de Rolf Tiedemann. Coordenação da edição brasileira de Willi Bolle. Posfácio de Olgária C. F. Matos e Willi Bolle. Tradução de Irene Aron (alemão) e Cleonice P. B. Mourão (francês). Belo Horizonte/São Paulo: Editora UFMG/Imprensa Oficial do Estado de São Paulo, 2006.

Ensaios reunidos: escritos sobre Goethe. Tradução de Mônica Krausz Bornebusch, Irene Aron e Sidney Camargo. Supervisão e notas de Marcus Vinicius Mazzari. São Paulo: Duas Cidades/Editora 34, 2009; 2ª edição, 2018.

Escritos sobre mito e linguagem (1915-1921). Organização, apresentação e notas de Jeanne Marie Gagnebin. Tradução de Susana Kampff Lages e Ernani Chaves. São Paulo: Duas Cidades/Editora 34, 2011; 2ª edição, 2013.

O anjo da história. Organização e tradução de João Barrento. Belo Horizonte: Autêntica, 2012.

Correspondência 1928-1940 Adorno-Benjamin. Apresentação de Olgário Matos. Tradução de José Marcos Mariani de Macedo. São Paulo: Editora Unesp, 2012.

A obra de arte na era de sua reprodutibilidade técnica. Tradução, apresentação e notas de Francisco De Ambrosis Pinheiro Machado. Porto Alegre: Zouk, 2012.

Rua de mão única/Infância berlinense: 1900. Tradução de João Barrento. Belo Horizonte: Autêntica, 2013.

O capitalismo como religião. Organização de Michael Löwy. Tradução de Nélio Schneider. São Paulo: Boitempo, 2013.

Baudelaire e a modernidade. Tradução de João Barrento. Belo Horizonte: Autêntica, 2015.

A hora das crianças: narrativas radiofônicas. Tradução de Aldo Medeiros. Rio de Janeiro: Nau, 2015.

Estética e sociologia da arte. Tradução de João Barrento. Belo Horizonte: Autêntica, 2017.

Ensaios sobre Brecht. Tradução de Claudia Abeling. Posfácio de Rolf Tiedemann. São Paulo: Boitempo, 2017.

Imagem da capa:
"Was ist Aura?", manuscrito de Walter Benjamin, s/d.
Walter Benjamin Archiv, Akademie der Künste, Berlim.

COLEÇÃO ESPÍRITO CRÍTICO
direção de Augusto Massi

A Coleção Espírito Crítico pretende atuar em duas frentes: publicar obras que constituem nossa melhor tradição ensaística e tornar acessível ao leitor brasileiro um amplo repertório de clássicos da crítica internacional. Embora a literatura atue como vetor, a perspectiva da coleção é dialogar com a história, a sociologia, a antropologia, a filosofia e as ciências políticas.

Do ponto de vista editorial, o projeto não envolve apenas o resgate de estudos decisivos mas, principalmente, a articulação de esforços isolados, enfatizando as relações de continuidade da vida intelectual. Desejamos recolocar na ordem do dia questões e impasses que, em sentido contrário à ciranda das modas teóricas, possam contribuir para o adensamento da experiência cultural brasileira.

Roberto Schwarz
Ao vencedor as batatas

João Luiz Lafetá
1930: a crítica e o Modernismo

Davi Arrigucci Jr.
O cacto e as ruínas

Roberto Schwarz
Um mestre na periferia do capitalismo

Georg Lukács
A teoria do romance

Antonio Candido
Os parceiros do Rio Bonito

Walter Benjamin
Reflexões sobre a criança, o brinquedo e a educação

Vinicius Dantas
Bibliografia de Antonio Candido

Antonio Candido
Textos de intervenção
(seleção, introduções e notas de Vinicius Dantas)

Alfredo Bosi
Céu, inferno

Gilda de Mello e Souza
O tupi e o alaúde

Theodor W. Adorno
Notas de literatura I

Willi Bolle
grandesertão.br

João Luiz Lafetá
A dimensão da noite
(organização de Antonio Arnoni Prado)

Gilda de Mello e Souza
A ideia e o figurado

Erich Auerbach
Ensaios de literatura ocidental

Walter Benjamin
Ensaios reunidos: escritos sobre Goethe

José Antonio Pasta
Trabalho de Brecht

Walter Benjamin
Escritos sobre mito e linguagem

Este livro foi composto
em Adobe Garamond
pela Bracher & Malta,
com CTP da New Print
e impressão da Graphium
em papel Pólen Soft
80 g/m^2 da Cia. Suzano de
Papel e Celulose para a
Duas Cidades/Editora 34,
em março de 2018.